「イライラ」が愛に変わる！
逆説人生法則

心療内科ドクター
濱田朋玖［監修］

人間根本問題研究所代表
岩永留美［著］

コスモ21

「イライラ」が愛に変わる！　逆説人生法則

カバーデザイン◆平本祐子
書籍コーディネート◆小山睦男（インプループ）

はじめに

わたしは、株式会社人間根本問題研究所の代表を務めています。ちょっと変わった会社名ですが、わたしは人間が大好きで、人間の研究が止まらず、それが志事（しごと…**志**をもって、取り組む**事**）になって、今に至ります（笑）。

研究のテーマは２つです。

・**人が、傷つけ合いをやめて、誰もが「お互いを自分のことのように思い合える」そんな愛が循環する社会になるには、どうしたらいいのだろう？**

・**みんなが、どんな条件にも左右されず無条件に「何があっても無くても、幸せ！」と感じながら毎日を過ごすにはどうしたらいいのだろう？**

長い間、このことを問い続け、そのために人間研究と実践をくり返し、実際に効果があると実証できた方法を誰でも利用できるように確立してきました。そして、それを日々の面談や、講座、執筆などでご提供しています。

突然ですが、ここで質問です。人間の根本問題って何だと思いますか？
結論からお伝えしますね。それは次の二つに集約されると、わたしは考えています。

【人間の根本の問題】

・人生のシクミを知らないこと

・そのシクミから起こる悩みや問題を、根本から終わらせる本当の方法論がなかったこと

わたしの研究所には、じつに様々な悩みを抱えた方たちが訪ねて来られます。そして、「ここに辿り着いて良かったです。ここは、セミナージプシーの最終終着駅ですね」などと、よく言われます。それはきっと、**これまでどれだけ様々なことを学んでも納得のいく人生にならなかった原因**がハッキリとわかり、**その原因を根本から解消して人生をやり直していかれる**からだと思います。

もちろん世の中には、悩みや問題を解消するための様々な学びや方法論があふれています。ですが、なにかをやってみて「よし！　大丈夫！　これで上手くいく！」と思っても、現実に戻ると感情が波立ち、「あれ？　あの上手くいきそうな感覚はどこにいったの？」「全然、自分を変えられていないじゃない！」とモヤモヤをくり返す人が、とても多いのです。

そんな人たちからよく聞く言葉があります。「瞑想中は、ものすごい多幸感があるんです！　でも、現実に戻ると心が波立ち、モヤモヤのくり返しで、状況も一向に変わらなくて」……、「セミナーを受講していると、様々な気づきがあって思考がクリアになるんです！　でも、日常に戻って何か起こったとき、応用するのは難しいですよね」……。

わたしは、そんな言葉を耳にするたびに、その奥にこんな気持ちを感じて少し切なくなります。「せっかく時間もお金も労力もかけて学んだのだから、少しは自分も変わったと思いたい。けれど、本当は何も変わっていかない……。『思う自分』になれないもどかしさをどうすればいいの？」

瞑想中に感じられる多幸感や、セミナー中に起こる気づきがあったとしても、それが瞑想中・セミナー中限定で、現実に戻ると「あれ？　何も変わっていない」と感じるとしたら、こんなにつまらないことはないと思いませんか。

それは、「俗世」と「聖域」が分離し、「現実」と「学び」が分離しているからだともいえます。不動心や多幸感が、山に篭ったり瞑想したりしている間だけだったり、また、気づいたりクリアな思考になったりするのがセミナーを受けている間だけだったりとなりやすいのです。しかし、実際に現実の中で**求めている自分そのもの**でいられなければ、意味がありませんよね。**そこにこそ本当の問題が隠れているのです。**

では、どうしたら現実の中で、日々、多幸感に包まれながら過ごせるようになるのでしょうか。

どうしたら、現実の中で、「予期せぬ出来事が起こっても、適格な気づきを得て、無条件に幸せな人生を送る」ことができるのでしょうか。

どうしたら、求めている自分で現実を生きられるようになるのでしょうか。

どうしたら、「俗世」と「聖域」の分離や、「現実」と「学び」が分離しない人生を生きることができるのでしょうか。

どうしたら、「相手が悪い」「自分が悪い」「この環境が悪い」といった見方を超えることができるのでしょうか。

それにはまず、〝わたしたちの現実は「自分の内面にある情報の投影」である〟という人生のシクミを知ることです。

「こうなっていたい、こうなるのがいい、こうなっているべきだ」みたいな〝理想〟が内面にあると、そうならないことが苦しみになるでしょう。

「嫌われたらどうしよう」「失敗したらどうしよう」という〝怖れ〟が内面にあると、いつも人目が気になったり、一歩踏み出せなかったりするでしょう。

さらに、「結果を出せば、優しくされる、受け入れてもらえる」という〝思い込み〟が内面にあると、結果を出せないとき苦しくなるでしょう。

わたしは、自分の失敗だらけの（ように見える）人生を実験台に、研究と実践をくり返すなかで、こうした人生のシクミを確認してきました。日常でモヤモヤ・イライラする根本原因は、そういった内面情報であることを発見し、それらを解消する方法を開発してきたのです。

わたしは、日夜、講座などでたくさんの方と関わらせていただき、お一人お一人の思うようにならない人生の根本原因を解消し続けていますが、心から嬉しかった、ある受講生の言葉があります。

「ハッキリ言って、同じようなことを言っている学びの場はたくさんあります。でも、そうなりたかった自分や現実に本当になれるのは、ここだけです」

この言葉をいただいたとき、「あぁ、この志事をしてきて本当によかったなぁ…」って、しみじみと感じました。これまで、すでに1万人以上の人たちがこの方法を実践し、モヤモヤ・イライラ人生からの大転換を体験しています。本書で、そのすべてを余すところなくお伝えしていきます。

最後に、この本を読まれるためのお知らせがあります。

本書で述べていることは、これまでの思考を超えるところがあるので、読まれていて内容が理解しづらいときがあるかもしれません。そんなときは、わかろうとせず、「ただ知る」という感じで読んでください。

また、これまでと真逆の生き方をナビゲートしていますから、一生懸命頑張ってこられた人ほど、「軽くて、楽で、愉しい実践方法」に抵抗を感じる場合があるかもしれません。しかし、それでも大丈夫です。人生を本気で変えたい方は、その抵抗感を一旦脇に置いて、ご自分を真っさらにして読んでみてください。

「イライラ」が愛に変わる！　逆説人生法則……もくじ

3章

モヤ・イラ人生がスッキリ解消した体験が次々と

4章

「真のしあわせ人生」が手に入る5つの軸

5章

逆引き辞書「こんなときはどうする？」解決・対処法

序章

現実のほとんどは内面情報の投影

1 自分の人生を実験台にモヤモヤ・イライラを解消

国連の関連団体が発表した2024年「世界幸福度報告書」では、日本の幸福度は51位だとされていますが、その解釈は色々あるにしても、幸せを感じられないことに悩んでいる人が本当に多いことを示していると思います。

それは、内閣府男女共同参画局の調査(「地域における相談ニーズに関する調査」)の結果にも表れています。「この1年間に悩みがあったか」という問いに、8割近い人が「悩みがあった」と回答しています(内容を見ると、半数以上が「仕事」や「健康」と回答し、3~4割が「家計」、「メンタルヘルス」、「生き方」と回答)。

一方、総務省が行なっている「令和3年度社会生活基本調査」によると、有業者のうち「学習・自己啓発・訓練」をしている人の割合は25歳~29歳では46・9%、30~34歳では47・3%、34歳~39歳では45・4%となっています。世界的に見ても〝豊かな国〟で暮らしているはずなのに、多くの人たちが悩みを抱え、それを解消するために様々な学びを行ない、克服しようとしている様子が伺えます。

じつはわたしも、かつてはその一人でした。幼少期からの環境や自身の性質、思いグセなどの影響もあり、物事を無難にやり過ごせず、常に色んなことに悩む自分を何とかしたくて苦しんでいました。長い間、日本国内だけでなく国外の学びの場も含め、様々なセミナーに参加していました。まさしく、わたし自身が、セミナージプシーをやっていたのです。

そんなある日、このままでは自分を変えられないと気づき、自分の人生を実験台に更なる人間研究を始めました。

いつもモヤモヤ、イライラしていて焦燥感が強い自分の気持ちの根底には、いったい何があるのだろうか。

目標を達成すると一瞬は嬉しいけれど、すぐまた次の目標に駆り立てられる……、このループは、いったいいつ終わるのだろうか。

達成するのが良い、達成しないのが悪いと苦しむとしたら、心から幸せを感じて生きるなんて可能なのだろうか。

その答えを求めて、研究と実践をくり返したのです。可能性がありそうなことはなんでもやってみました。まるで暗闇の中を手探りで歩いているような感覚でした。でも、そんななかで、だんだんと「人生のシクミ」が見えてきたのです。そのシクミにもとづいて、自分を実験台に実践と検証をくり返していくと、わたしの現実は、いくらでもやり直せるし、何があってもなくても幸せ（＝無条件の幸せ）を感じる、そんな日々へと……、気づけば自然に切り替わっていたのです。

それからは、この自分の人生で実証できた方法を、わたしを訪ねてこられる方々にもお伝えし、実際にやっていただきました。すると、わたしだけでなく、みなさん、モヤモヤ・イライラが解消され、「人生のやり直し」はもちろん、「無条件の幸せ」を感じる現実に切り替わっていかれたのです！

2 自分がダメ人間に見えてしまうシクミ

もっとも重要なことなので、ここで改めてお伝えします。**じつは、現実は自分の内面情報の投影**です。

皆さんは、何か困った出来事が起こったとき、どうしますか。ほとんどの人は、〝誰か〟や〝何か〟に、あるいは〝今の自分〟に原因があると思って、それらをなんとかしようとするのではないでしょうか。

わたしの場合は、「本物になれないダメな自分」を嫌い、その嫌いな自分をなんとかしたくて、ずっと頑張っていました。しかし、いつまで経っても、どれだけ頑張っても、「ダメな自分」から抜け出せず、ずっと苦しい日々を送っていました。


そんなある日、不思議な出来事がありました。事実と異なることを、完全に正しいと思い込んで、わたしを責めてくる人がいたのです。「なぜ、そこまで、事実と違うことを、まるで事実かのように思い込むことができるのだろう……？」。最初は頭が真っ白になりましたが、その人をじーっと眺めていると、ある考えがわたしのなかに浮かんできたのです。

「人は、それぞれに『自分が、そうだと思いこんだ世界』で生きているのではないか……？」と。帰宅して、しばらくその光景を思い出していたとき、最初、ボンヤリと漂っていたそれが、しだいにクッキリと輪郭を表し、「あっ！」と気づきに変わりました。

「そうか！　人は、出来事や相手を、その人の視点から見たいように見て、思いたいように思うんだ！　そして、そうだと思ったものが、その人にとっての真実になる。そのとき、他者の視点から見た世界は見えなくて、いや、見る気もなくて、自分が思いたい世界を真実として確定させるんだ！」と、感じたのです。**要は、真実なんてなくて、視点と真実は相関していて流動的であり、その人の真実は、視点によってどうにでも変化することに気づいたのです。**

だとすると……、長年克服したいと思っていた「ダメな自分」は真実ではなくて、もしかして「わたしがわたしをダメだと見ているからダメ人間確定！　になっているだけなのかも!?」。「まさか？」でしたが、そのとき、そのことが、なんだか、すごく、ピンときてしまったのです。

それは、わたしにとっては大発見で、そこから起死回生が始まりました。

では、そもそも、自分をダメだと見てしまうのには、どんなシクミや原因があるのだろうか……。それを探求していくうちに、次のような思いを常に抱えていた自分に気づいたのです。

・すごい人になりたいという強い理想（願望）
・ひとつもまちがわずにやり遂げたいという完璧主義
・卒なく効率的に最大の結果を出したいという効率重視、結果重視

わたしは、自分がある年のお正月早朝、ある時間ジャストに生まれたことを知って、「自分には何か果たすべき使命があって、きっと後世に名を残すような立派な人間になるはずだ！」と無意識に思いこんでいました（笑）。

また、自営業で苦労して働く両親の姿を見て育ったことや、田舎から東京の有名私大に進学させてもらったことなどもあって、「すごい人になって、親孝行したい！」と、わたしの上昇志向はさらに強くなっていきました。

そんなふうに、子どものころからずっと、ものすごく力んで、ずっと頑張り続けていたのです。

さて、そうやって頑張って上昇志向でいると、どうなると思いますか。

じつは、そこには、こんな人生のシクミがありました。

「すごい人にならなきゃいけない」と思えば思うほど、「自分が全くそうでない＝ダメ人間」に見えて苦しむ。

だって、グータラでも、平々凡々でも、給料が安くても、独身でも、子どもがいなくても、使命がなくても、夢中になれるものがなくても……、どんな自分でも良ければ、とくに悩まないですよね。つまり、「こうなっていたい、こうなるのがいい、こうなっているべきだ」みたいな〝理想〟を持つから、「そうじゃない自分」に苦しむことになるのです。

このことに気づいて、わたしは自分に課してきた理想を一つひとつ手放してみることにしました。手始めは、「すごい自分になりたい、ならなければ」でした。だって、それまでの人生はずっと、すごい人になろうとしてなれずに、苦しかったからです。

3 すべてを真逆にしてみる

「これまでのやり方でうまくいっていないのだから、もう、真逆のやり方をやってみるしかない！」という思いも手伝って、まず、最初に、長年しっかりと抱きしめていた「すごい人にならなきゃいけない」を手放す実験をしました。すると、どうなったと思いますか。

なんと、勝手に「今の自分でいいじゃない」と思えて、ありのままの自分をそのまま受け入れることができたのです。「こんな自分ではダメだ」というそれまでの自己否定が終わり、勝手に自己肯定できたのです。理想に向かって邁進していたころは、あんなに難しかった自己肯定が、これしかないと思い込んでいた理想を手放すことで、あっさり手に入ってしまったのです。

それは、これまでに感じたことのない安堵感でした。自分のことが「ダメ人間」に見えて、「すごい人」になるため常に何かを学び続け、走り続け、休日も心が休まらない。まさしく、焦燥感の暗闇の中で、もがき続けていた人生が終わったのです。

4 理想も完璧主義も結果重視も手放す

わたしは、「理想」だけでなく、「完璧主義」も「結果重視」も手放していきました。そこをきっかけに、わたしの人生は完全に切り替わりました。「理想に自分を合わせようとガムシャラに頑張る」生き方から、何事も「できた分で丁度いい。こうなったということは、これでよかったのだ」と、ありのままをそのまま受け入れることができるようになったのです。おかげで、それまでとは一変して、日々、軽く楽に生きられるようになりました。

そんなふうに、どんな自分も、どんな出来事も全部受け入れられて、毎日が軽く楽になると、わたしの活動エネルギーは大幅に増えました。

それまでは、「ダメな自分を良くしよう」と、マイナスをバネにしてエネルギーを絞り出しながら頑張っていました。まるで、重い足を引きずりながら遠い道のりを歩くような感覚でした。でも、本当の自己肯定が手に入ったら「このままの自分でいいと心から思えている自分が、ただやりたいから、これをやっている！」と自然にエネルギーが湧いてきます。それは、ワクワクと軽い足取りでハイキングコースを歩いているような感覚。永遠に歩き続けていたいくらい、とても楽しい感覚です。

それまでのわたしの人生、すべてが逆だったのです。ダメ人間から脱出したくて、「すごい人になりたいという理想、ひとつもまちがわずにやり遂げたいという完璧主義、卒なく効率的に最大の結果を出したいという効率重視、結果重視」を必死にやっていたころは、全く理想の自分にはなれなかった。けれど、それを真逆にして、「理想も完璧主義も結果重視も手放す」と、まさかですが、それまで叶えたかった理想の（いえ理想以上の）自分になれたのです。しかも、軽く、愉しく、楽に、自然と変わっていたのです。

5 結果を求めないと結果が出る

それは、砂場で砂山をつくる子どもと似ています。子どもは、誰かに認められるとか、お金が儲かるとか、何かの結果を求めて砂山をつくっているわけではないですよね。**ただ、つくりたいからつくる。**そういう感覚です。

だから、夕方、「もう帰るよー」と言われても「やだー、まだやるー」と、やる気が止まらないですよね。大人になっても、このフリーモチベーションで何にでも取り組めたら、どれだけの素敵なことができると思いますか。

わたしは、お陰さまでライフワークとライスワークが一致していて、「仕事」が「志事」になっているので、後者の文字を使わせていただいていますが、もう、時間さえあれば志事をしています。周りから見たら、すごく頑張っているように見えると思います。しかし、やっている本人は頑張っていないのです。楽しいから、やりたいから、ただ純粋にやっているのです。このほうが、エネルギーがたくさん湧いてきますし、驚くほど様々なことをこなせてしまいます。もちろん、結果も次々と出ます。

自分をダメ人間だと嫌っていたときは、油断するとすぐモチベーションが下がるので、結果を出すために、下がるモチベーションをなんとか上げて頑張っていました。でも、今は、そのときとは比べ物にならないくらいエネルギッシュに行動できますし、結果もどんどん出ています。つまり、「結果を求めないと、結果が出る」のです。これも本書でお伝えする数々の逆説真理のひとつです。

6 内面情報の解消

人生のモヤモヤやイライラは、内面情報の投影であることがうまく伝わったでしょうか。わたしの場合は内面にある「理想（願望）」や「完璧主義」、「結果重視」などが、現実に投影されていたので、それらを解消することから始めました。

ダメだと思うことが日常生活で起きたとき、たいていの人は、その現実を良くしようと頑張ってしまいます。以前のわたしが、まさしくそうでした。でも、じつは、それでは永遠に良くならないのです。**なぜなら、日常の現実自体が「ダメ」なのではなく、内面情報が投影されて「ダメに見えているだけ」だからです。**ですから、内面情報を解消しないとモヤモヤ・イライラ人生は終わらないし、人生をやり直すこともできません。

わたしは自分自身を実験台にして、これこそ人生のシクミであることを証明し、誰でも実践できる方法を確立しました。さらに、同じように取り組んだたくさんの方たちの姿を通して、やっぱりこの方法で人生のモヤモヤ・イライラが解消されていくことを確認できました。そのなかから、いくつか事例をご紹介します。

①家庭崩壊で苦しんでいたが、内面情報にあった「一家団欒の理想」を手放したら、夢にまで見ていた一家団欒できる毎日を手に入れることができた
②健康不安で苦しんでいたが、内面情報にあった過剰な「死への怖れ」を手放したら、日々の症状に一喜一憂しない穏やかな人生を手に入れられた
③お金がうまく回らず苦しかったが、内面情報にあった「お金は揉め事の元」という

思い込みを手放したら家庭でもビジネスでもお金に困らなくなった
④起業したのに顧客が来なくて苦しんでいたが、内面情報にあった「父親の言葉で植え付けられた『お金は汚い』という記憶」を手放したら、キャンセル待ちが出るまでにビジネスが軌道に乗った
⑤子どもの不登校で苦しんでいたが、内面情報にあった「普通の子になってほしい」という理想を手放したら、子どもが学校に行けるようになったり、あるいは、自分で別の活路を見出したりすることができるようになった

これらはほんの一例で、書き出せばキリがないほどですが、すべては、根本原因である内面情報を手放した結果です。すると、これまでどんなに望んでも叶わなかったことが、自然と叶ってくるのです。

理想についていえば、まさしく「**理想を手放すと、理想の現実が手に入る**」というのが人生のシクミなのです。

このことをわかりやすくお伝えするため、先ほどの5つの事例を使ってもう少し説明することにします。

①「一家団欒したい！」を解消したら、一家団欒が叶った

「一家団欒したい！」そう思っていたら、たとえば、夫や子どもの帰宅が遅かったとき、「一緒に食卓が囲めないじゃない」などと腹が立ちますよね。また、疲れて帰ってきた家族の機嫌が悪かったときも、「もう！　笑ってよ！」と要求したくなりますよね。それでは、いつまでもAさんが望む一家団欒できる家族にはなれません。ところが、その理想を手放したら、どうでしょうか。

夫や子どもが遅く帰ってきたとしても、夫は「遅くまで仕事を頑張ってくれているんだな」、子どもは「仲の良い友達たちに囲まれて楽しく過ごしているんだな」と受け入れられて、許せる余裕を持てます。また、家族の誰かの機嫌が悪くても、「疲れているのかな」などと相手を思いやることもできますよね。

そんなふうに寛容に自分を受け入れてくれるお母さんがいたら、家族は心地よくて勝手に緊張が緩み笑顔で触れ合いたくなりますよね。Aさんは、それまで自分のことを被害者だと思っていましたが、じつは、「自分の理想に合わない！」と一人でカリカリしていただけだったことに気づきました。そして、この「一家団欒したい」という理想を手放すと気づいたら、夢にまで見た「一家団欒」を手に入れられていたのです。

②過剰な死への怖れを解消したら、症状への一喜一憂から解放された

「死が怖いのは、当然だ」と思っている人は多いのですが、死を恐れているかぎり、自分の体の症状に一喜一憂し、振り回されて苦しくなります。それではかえって、ストレスが増して免疫を下げてしまい、寿命を短くしかねません。

誰しも、生まれた瞬間から死という未知の体験に向かっています。このことは知識としては知っていても、程度の差はあれ、人は、どうしても死への恐怖を抱いてしまうものですよね。でも、内面情報にある「死は怖い」を手放すことができたら、どうですか？

じつは、このいつか訪れる死を忘れて過ごす方法があります。それは、今、この瞬間に集中して生きることです。

Bさんは、健康不安に振り回される原因が「過剰な死への怖れ」と「未来ばかり気にする」内面情報であることに気づかれ、それらを手放しました。すると、そのときどきの体調に一喜一憂しなくなり、体調の良し悪しに、気持ちが振り回されなくなられたのです。

③「お金は揉め事の元」を解消したら、お金に困らなくなった

主婦のCさんは、旦那さんからお金がもらえなくて、ほとほと困って、わたしの所へ相談にこられました。「お金」という言葉で思い浮かぶことを話していただいたとき、「お金は揉め事の元だから……」とサラッと言われ、わたしは、今の状況を作っている内面情報はソレだ！　とピンときて「お金は揉め事の元」という思い込みを手放してもらいました。すると、どうなったと思いますか。

「お金のことを話すと揉める➡だから、苦しくてもお金のことは話せない」という行動パターンが終わり、普通に家庭でお金の話ができるようになりました。

旦那さんは、「奥さんは自宅で起業しているし、お金を持っている」と思い込んでいたようなのです。話をすれば、「なんだ、そうだったのか！」と、すんなり渡してくれるようになりました。

内面情報に「お金＝揉め事の元」という思い込みを持っている人はかなり多くいます。それを解消することで、金銭問題が解消したという事例は数限りなくあります。

④「お金への悪いイメージ」を解消したら、お客さんが行列するまでになった

Dさんは、起業したけれどお客さんが来なくて困り果て、わたしのところに相談に来られました。そのとき、心の内を打ち明けてくださったのですが、「わたし、人からお金を受け取れないんです。なんか罪悪感があって」とポロッと話されたのです。

そこで、「お金」について思い浮かぶことを話してもらうと、子どものころ一緒に散歩していた父親が言った、何気ない言葉を思い出されました。「こんな豪邸に住むのは、よほど悪いことでもしないと無理だよ」。Dさんは、その言葉を聞いて以来、無意識に「お金持ちは悪い人」と思い込んでいたのです。

その思い込みが内面情報にあることに気づき、手放していくと、悪者になりたくなくて、お金を受け取れなかったDさんの人生が終わりました。お客様から、喜びでお金をいただけるようになったのです。

その他にDさんの内面情報には「成功する自信が無い」とか「すごいものを提供しなければいけないという理想」もあり、それらも手放していきました。すると、今ではキャンセル待ちが出て行列ができるまでに起業したビジネスで成幸されています。

※成幸については、この後のコラムをご覧ください。

⑤「子どもへの理想」を解消したら、不登校が終わった

子どもの不登校に困り果てて、Eさんは、わたしの所へ相談に来られました。「なんで普通でいてくれないの。このままでは、社会に適合できなくて、大人になってから生きていけないかもしれない」という不安で、いつも頭がいっぱい、いっぱいだということでした。

お話ししていくうちに、「うちの子は異常だ。生きていけないかもしれない」という思い込みや「普通の子でいてほしいという理想」があることに気づかれ、それを手放していただきました。すると、どうなったと思いますか。

お母さんから、心配されたり問題視されたりしていることを薄々感じていたお子さんが落ち着いてきて楽しく過ごすようになりました。

お母さんが口に出そうが出さまいが、思っていることは子どもに伝わるものです。いつも心配され、問題視されていると、不安になり、こんな自分はダメなんだと自己否定する癖がついていきます。その結果、さらに自己否定するとか、引きこもるという負のループにはまっていきます。でも、Eさんが気づいたことで、お子さんは変わりました。

不良少年から社長になったという更生話を聞くことがありますが、そこにも決まって、「信じてくれたお母さんがいた」という事実があります。Eさんのように、内面情報にあった「心配」を「信頼」の目に変えることで、その子の人生はどうにでも変わっていけるのです。

どうですか、内面情報にある原因、たとえば「理想」や「思い込み」を手放すことで、目の前の悩みが解決していき、願えば願うほど叶わなかったことが軽く楽に叶っていくシクミが伝わったでしょうか。

すでにこれまで、内面情報という言葉を使って説明してきていますので、だいたいの意味はご理解いただけていると思います。内面情報を解消することは、人生のシクミやモヤモヤ・イライラを解消する実践方法を知るうえで、とても重要なキーワードです。くり返しになりますが、確認のためにあらためて整理しておきますね。

内面情報とは、理想や怖れなどの「思い」や、これはこうだ、この人はこうだ、といったような「思い込み」、そして、それまでの「体験」や「感情」、「記憶」、とくにそれまで受けてきた「ショック（傷）」などのことです。

「悩みの原因」になっている自分の内面情報を発見し、それを解消することで、悩んでいたことが勝手に終わっていく。そんな体験をする人たちが確実に増えています。そして、悩みの原因を外側に求めて頑張っていたころには叶わなかったことを、とても自然に、軽く、楽に、愉しく叶えていかれています。

まだ、「ほんとう？」って思われますか。何度もお伝えしていますが、これはわたしが自分の人生を実験台にして研究し、実践し、確認したことです。これを活用して人生を好転させている人たちも増え続けています。だから、もっと広く、たくさんの人たちに活用していただくことで、幸せを感じる人生を手に入れる人たちが増えてほしい……、そのお手伝いをしたいと思っています。

ちなみに、ここまでは内面情報にある原因を「手放す」とか「解消する」と表現してきましたが、これ以降は、内面情報にある原因を「解消する」に統一したほうがスッキリ読み進めていただけると思うので、この言葉を使っていきます。また、「モヤモヤ・イライラ」という表記は「モヤ・イラ」と略記することにします。

コラム

成功と成幸～人が最終的に辿り着きたい境地～

わたしは、新卒勤務先が霞ヶ関で、役員付きの秘書をしていたことがあります。そこで、いわゆるエリートと呼ばれる方々と身近に接する体験をさせてもらいました。

一般庶民のわたし（笑）からしたら、「さぞ幸せだろうなぁ……」と思っていた方々です。しかし、日々、接していて気づいたのです。「こんなに地位・名誉に恵まれ、経済的にも豊かな人たちなのに、『心からの幸せ』を感じて生きている人は意外に少ないんだなぁ……」と。

一見、裕福そうな、物質的には何不自由ないような立場にいる人のほうが、じつは、悩みが深かったりします。「周りの人が、自分の本質ではなく、お金や地位・名誉・名声に寄ってきているのではないか……」といった猜疑心や、いつも「すごい人扱いされて距離をおかれる」孤独や寂しさ……。知らず知らずのうちに、そういった思いや感情（＝内面情報）が蓄積してしまい、それらをお金で紛らわす虚しさなどもあるのでしょう。

一般庶民からは、「さぞ、幸せなんだろうなぁ」と思われていても、もしかしたら、そういう人たちのほうが闇が多いのかもしれない……、そんなふうに思ったこともあるほどです。

さて、あなたは、一般的なイメージの成功（地位・名誉・名声・お金といった外面充実の実現）をしたいですか。それとも、本質的な成幸（心からの充足感や幸福感を感じながら、愛し愛されて生きる内面充実の実現）をしたいですか？

多くの方の悩みを伺っていて感じることがあります。最初は生活のためにガムシャラに頑張っていたとしても、生計が立ち、生きていくことにある程度不足がなくなると、やはり、その先にすべての人が求めるのは「幸福感」と「愛」だということです。

そうであれば、たとえ世でいう「成功」を手にしていない（ように思える）人でも、「幸福感のある、愛を感じられる日常を送っているなら、それはもう**「成功者」も羨む、真の「成幸者」**なのだと思いませんか。

わたしとしては、探求の末に知った「人生のシクミ」と「実践方法」をお伝えすることで「成功」ではなく「成幸」していただくお手伝いをしたいと思っています。

成幸者が増えていけば、集合意識に作用して、地球が愛に包まれて再生していくとも考えています。

このことについては、「おわりに」をご参照ください。

また、物質界である程度成功した「成功者」と呼ばれる方たちが、あるときから、仏門など見えない世界（精神世界）に意識を向けていくというお話は聞かれたことがあると思います。それも、人は最終的に心の平安や無条件の幸せの境地を求めているからだと言えるのではないでしょうか。

わたしはときどき、「滝に打たれるより留美先生」と言っていただくことがありますが（笑）、それは、やはり、多くの人が最終的に求めている「成幸」という最終境地に到る道筋をお伝えしているからだと考えています。

嘘みたいな本当の話がありました。

山にこもって内観修行をされるのが常な、ある成功者の方がいらっしゃいました。その方は山にこもって内観修行して、「よし！　もう心乱れないぞ！」という境地に至ると下山されます。

ところが、日常生活に戻ると、「あー、やっぱり妻に腹が立つ！　自分はまだまだだ！　よし、もう一度、上山してやり直しだ！」と、また山に登っていかれる。そんなことをくり返しておられたのです。そう、「はじめに」に書きました「俗世」と「聖域」の分離、「日常」と「学び」の分離です。

どうですか？　内観修行をしているときの「何ものにも心乱れない感覚」や、「瞑想中の多幸感」のまま、現実を暮らすことって、果たしてできると思いますか？

じつは、それができますよ、というのが本書なのです。「え？」ですよね。そして、百歩譲って仮にできるとしても、「でも、それって一般人には難しそう……」とも思われるかもしれませんね。

しかし、そこも大丈夫です。本書でお伝えしている「**人生のシクミ**」を知り、そのシクミに潜む「**悩みの本当の原因**」と、それを解消する「**実践方法**」を手に入れると、現実に身を置いたまま、目を開けたまま、修業中や瞑想中の「心乱れない感覚と多幸感」に包まれて暮らすことができます。そして、「もう、やり直せない」と諦めていた人生でさえ変えることができます。

自分の人生に何が起こっても、起こらなくても動じなくなれますし、どんな出来事も（たとえ、マイナス的な出来事であっても）愛おしく感じられるようになります。日常に何があってもなくても、すべてがありがたい感覚で満たされ、幸福感そのもので暮らすことができるようになるのです。

本書では、その方法を「逆説人生法則」としてご紹介していきます。

1章

人生がモヤ・イラする本当の原因

日常でモヤ・イラすることって、ありますよね。それは、なんとなく感じる正体不明なもので、そのとき、モヤ・イラしていることをなんとかしようとは思っても、なぜモヤ・イラしているのか、その根本の原因を見つけて解消しようなんて考えたことはないかもしれません。

わたしは、そこを考えてみました。「なぜ、わたしたちは、日常でモヤ・イラするのか？」と。多くの人は「自分がモヤ・イラしているのは〝誰か〟や〝何か〟のせいだ！（外側に原因がある！）」と思っていますが、すでに述べたように、そう思っているかぎり、モヤ・イラ人生は終わりません。「えー？　だって、あの人が◯◯だから、わたしはイヤな思いをしているんです！」という声が聞こえてきそうですが、でも、そうではなかったのです。

驚かれるかもしれませんが、モヤ・イラの原因は自分の中にあります。

1 日常のほとんどは内面情報の投影

序章で、いくつか事例を挙げてお話ししましたが、じつは、日常の出来事はあなたの内面情報（理想・怖れ・思い込み・それまでの体験・感情・記憶・受けた傷など）の投影です。

たとえば、職場やご近所で、何人か集まって話している前を通りかかったとき、その人たちが「チラッ」とこちらを見たとしたら、どう感じますか。

- **「もしかして、わたしの悪口を言ってるのかな？」と憶測する**
- **「みんな、仲良さそうでいいなぁ……。わたし、人の輪に入れないなぁ」と自己批判する**
- **「なになに？　なんの話？」と、くったくなく輪に入っていく**
- **その光景が目に入っても全く気にならない**

いかがですか。人によって反応が違いますが、それぞれの反応に潜む内面情報は、こんな感じだと思います。

- **自分に自信がないので、いつも悪口を言われているような気がする**
- **自分への評価が低いので、いつも自己批判しがち**
- **いじめられた記憶があったりして、それが想起されて反応してしまう**

・内面に不安な情報がないので、その場を楽しく過ごせたり、何か起こっても全く気にならない

なんとなくわかりますよね。ですから、もし、日常生活でイヤなことが多いとしたら、さながらケガをして海に入っているような感じです。小さな切り傷でもあれば、海に入ると痛いですよね。気になって、せっかくの海も思い切り楽しむことができないでしょう。人生という海を泳ぐときも同じです。内面に何か情報（理想・怖れ・思い込み・過去の傷など）があれば、遭遇した出来事が痛くて痛くて人生を泳ぐことが辛くなるのです。

ところが、人は、つい辛い出来事に遭遇すると、その原因を外側に求めがちです。本当は内面情報の投影として感じていることなのに。

2 内面情報はどのようにつくられるのか？

人は、何かを体験すると何かを感じます。それが喜びや幸福感などプラス的な感情であればいいのですが、悲しみや苦しみなどマイナス的な感情だと、それを嫌ってなんとかしたくなります。

たとえば、「結果が出なくて怒られた」としましょう。それをなんとも思わなければ内面情報として残ることはありませんが、たいていは「怒られるのは悲しくてイヤなこと」と捉えて、「だから、今度は必ず結果を出して怒られないようにしよう」としまず。それが、無意識のうちに「常に結果を出したい！　出さねば！」という理想をつくり、「結果を出せば優しくされる、受け入れてもらえる」という思い込みをつくります。

またたとえば、過去にいじめられた体験があるとしましょう。いじめられたとき、なんとも思わなければ内面情報として残ることはありませんが、たいていは「いじめられるのは、辛くて苦しいこと」と捉えてしまいますから、「また、いじめられたらどうしよう……」という怖れとして内面情報に残ります。すると、その後、何か似たような予兆があれば、気になって仕方がなくなり、外出するのも怖くなり、引きこもってしまったりします。

同様に、子どものころの体験で、両親の仲が悪かったとします。すると、そのとき感じた怖れや不安、さらに「夫婦っていつもケンカをして相手を落としめ合うものだ」

などという思い込みが内面情報として残ります。親の夫婦仲が悪かった家庭の子どもは、結婚しても夫婦関係が難しくなる傾向がありますが、それは子どものときの記憶や思い込み情報が、内面情報として残っているからです。もちろん、逆もまた然りです（ただし、同じ親に生まれた子どもたちでも、真逆の夫婦関係を築くケースがあります。それは、生まれた順番などで親自身が大変だった時期だったのかそうでなかったのか、なども含め、親のどの場面を見たかの違いだったりします）。

たとえば、父母の姿を見て、「男って、細やかな配慮ができなくてバカだ」とか、「女はしたたかで怖い」とか、「結婚って、不自由になるものだ」などと子どもながらに思い込んでしまうと、その記憶が内面情報として残り、それが大人になってからの異性関係に投影することもあります。

こんなご夫婦がいました。ご主人は、いつも周りの人といさかいを起こしていたそうです。ご夫人は、そのご主人を「そんなことをしていたら、周りから軽んじられるだけなのに。バカじゃない!?」と、ことあるごとに侮蔑していました。

さて、このご夫婦に、どんな内面情報が潜んでいたと思いますか？

じつは、このご夫婦、ご主人には、過去にたびたび「侮辱を受けたことによる傷」

があり、ご夫人には、「男は配慮ができなくてバカだ」という思い込みがあったのです。

侮辱を受けた傷があると、相手には全くそんな気持ちはなくても、ふとした言葉を許し難く感じ、感情が高ぶって声高に発言してしまうこともあります。また、男は配慮ができなくてバカだなんて思い込んでいると、カチンとくるたびに「この人はバカだ！」と決めつけてしまいやすいのです。

このご夫婦の場合もそうでした。相手の言葉に感情が高ぶったり、相手を見下したりして、お互いに気持ちがすれ違い続け、ますます傷つけ合い、傷つき合っていました。それは、お二人が持っている内面情報が、そのように反応し合って現実に投影されていたからです。

いかがですか。このご夫婦に限らず、わたしたちは常に、自分の内面情報を日常という現実に投影し合って生きているのです。なんとなく、わかっていただけたでしょうか。

このご夫婦については、後日談があります。ご主人の「侮辱の傷」と、ご夫人の「男性に対する思い込み」を解消することで、これまでのいさかいや葛藤が嘘のように消え、限界まで来ていた夫婦関係が劇的に変わられました。

3 人はどんなときモヤ・イラするのか

人がモヤ・イラするのには、色んな原因がありそうですが、じつは、大きく次の3つに集約することができます。

①内面情報が反応しているとき
②ものごとを二元思考で捉えているとき
③頑張っている向き（努力の向き）が逆向きのとき

一つずつ、解説していきますね。

①内面情報が反応しているとき

これについては、すでにお話ししてきたことなので、なんとなくおわかりだと思いますが、内面情報が多い人ほど日常でモヤ・イラすることが多いです。

たとえば、「こうなったらいいのに（たら）」「こうしてくれれば許せるのに（れば）」「しっかりせねばバカにされる（ねば）」「普通こうするべきだよ！（べき）」などと思いやすい人は、たくさんモヤ・イラして生きづらくなります。こういった「たら・ればば・ねば・べき」は、内面情報にある理想や怖れの投影であり、これがモヤ・イラする原因でもあります。

多くの人が、モヤ・イラするのは「外側の〝誰か〟や〝何か〟が悪いからだ」と思い込んでいますが、そうしていると、その〝誰か〟や〝何か〟が変わってくれないかぎりスッキリしません。仮に変わってくれたとしても、また次のモヤ・イラが出てきます。

たとえば、「謝ってくれさえしたらいいのに！」と思っていたとして、もし相手が謝ってきたら、どうなると思いますか？　「まさか！」なのですが、「謝り方が気にくわない」とか「謝れば済むと思っているの！」などと、次から次に人間の不満は、増幅するのです（泣）。

ですから、**モヤ・イラの根本解消には、自分の内面情報を解消することが先決なのです**。ここで、わかりやすい事例を一つご紹介します。

Fさんは、とても真面目で、色んなことに一生懸命で、人生をよりよく生きるために、家族の幸せのためにと力を尽くしていました。良い母親、良い妻、良い娘であろうと、自分の家庭でも、実家でも頑張っていらっしゃったのです。でも、頑張れば頑張るほど空回り。どんなに尽くしても、わかってもらえないばかりか、逆に家族からは嫌われてさえいました。

「こんなに頑張っているのに、なぜ？」しだいに小さな怒りが降り積もっていったFさんは、家族に爆発することが増えていきました。すると、それに連動して、今度は家族も怒りを爆発させる。そんな殺伐とした負の連鎖が続いていたのです。

そんな彼女が起死回生できたのは、内面情報に気づいたことがきっかけでした。何より夫婦関係に変化が現れました。ご主人と本質的な部分で通じ合えるようになり、心から求めていた夫婦関係を手に入れられました。子どもたちからも感謝の言葉をかけてもらえるまで親子関係も修復！

それからは、お互いをそのまま認め合える、温かい家庭に生まれ変わっていきました。以前のことを考えると、あり得ない人生大逆転劇を体験されたのですが、Fさんがやったことは、至ってシンプルでした。なんだと思いますか……？　そうです、ひたすら内面情報を解消されたのです。「えっ！　それだけ⁉」って思われますか。たしかに、至ってシンプルですよね。

タネ明かしは、こうです。殺伐としていたころのFさんの内面には、「普通こうするべきでしょ」「こうしてほしい」「そうしてくれないから、わたしは被害者だ」「わたしはこんなに頑張っているのに」……、そんな思いが渦巻いていました。そういった一つひとつを解消していくうちに、じつは自分が「相手に自分の理想どおりに動いてほしいと強要している加害者だったんだ！」と、ハッキリ自覚されたのです。

Fさんは、こう言います。「本当にまさかでした！」と。

このように、内面情報を一つひとつ解消していくことで、Fさんは家族に自分の理想を押しつけて要求することから解放されました。また、良い母であるべきという自分への要求からも解放されました。その分、自分も家族も楽になり、家族が再生したのです。

では次に、人がモヤ・イラするときの二つ目にいきますね。

②ものごとを二元思考で捉えているとき

わたしたちは、ものごとを「良い・悪い」「できる・できない」「成功・失敗」といったように、常に二つに分けて考える思考のクセを持っているって、ご存知ですか。一般的には「二元論的思考」などと言われたりしますが、本書では短く「二元思考」と書くことにします。

ものごとを二元思考で捉えてジャッジしていると、それが原因でモヤ・イラしてきます。「人生楽ありゃ、苦もあるさ〜♪」でお馴染み、水戸黄門の歌（ちょっと古いでしょうか［笑］）にもありますように、生きていれば山あり谷ありで、人生には波があります。

「波長が合う、合わない」といった言葉もありますが、この世は常に波のように変化していて、「良い」と「悪い」をくり返しているのです。それが人生なのですが、つい、人は無意識に「楽（良いこと）だけがいい、苦（悪いこと）はイヤだ」と思ってしまいます。そして、イヤなことをどうにかしようとしたり、良いことだけを願ったりして、モヤ・イラしながら生きています。

しかし、じつは、この二元思考自体がモヤ・イラ人生の根本原因になっていることが多いのです。何か起こっても「良い・悪い」とジャッジしなければ……、誰かと比べて「あの人はできる・自分はできない」とジャッジしなければ……、「このくらいできたら成功・できなければ失敗」とジャッジしなければ……、モヤ・イラや苦しみってないと思いませんか？

ですから、モヤ・イラを解消するには、この二元思考を超越することが必要なのです。わたしは、「逆説人生法則」で、そのために必要な実践方法をご提案しています。二元思考を超越すると、どうなると思いますか？　これは、わたし自身、そして、多くの受講生も体験していることなのですが、人生の山も谷も、楽も苦も、どちらも愉しみ、愛おしくなる。そんな感覚で生きることができるようになります。人生の荒波を、さながらサーフィンをするように楽しむ感じになるのです。

具体的なやり方は、次章でお伝えしますね。

では次に、人がモヤ・イラするときの三つ目にいきます。

③頑張っている向き（努力の向き）が逆向きのとき

わたしの元を訪ねて来られる方たちは、本当に努力して頑張っていらっしゃることが多いのですが、じつは、頑張っている人ほど空回りしていたり、優しい人ほど傷ついていたりします。

わたしは、何度も人生の壁に直面し続け、それを何とか乗り越えようと国内外の学びに相当の年月と費用と労力を割いて参加していた時期がありますが、どこに行っても皆さん、本当に頑張っていました。

でもなぜか、人生は思うようには変わりません。

わたしは、その理由をずっと研究し続けました。そして、ハッキリわかったことの一つがこれでした。

「うまくいかない人は、努力の向きが逆」だということです。

すべてが逆なのです。たとえば、何かモヤ・イラしたときに、その原因を外側の〝誰か〟や〝何か〟に求めてしまうこと、そして、それらをなんとかしようとすること、これも逆向きの努力といえます。

くり返し述べていますが、日常に起こることの多くは内面情報の投影なので、その内面情報を解消しないかぎり、人生は変わりようがありません。それなのに、外側の〝誰か〟や〝何か〟をどうにかしようとしていることが本当に多いのです。

また、この世には「追えば逃げる、逃げれば追われる」というシクミもありますが、自分や相手に課した理想を追いかけては失望をくり返していることも逆向きの努力といえます。

先に「理想を手放した」わたしの事例でもお伝えしましたが、そのときわたしは、今の自分がまだまだだから……と思い続けていました。自分がつくった理想に届かないと自己否定していたのです。ところが、その理想を手放すだけで、勝手に完全自己肯定ができてしまったのです。

努力の向きを変えるだけで、わたしの中から本物のエネルギーが湧いてきて、今のプロセスを愉しむことができるようになりました。それこそが「理想以上の理想が叶う」本当の方法だったのです。

このように、人生のモヤ・イラを根本解消するには、努力の向きを逆向きにすることも必要です。

もし、「こんなに頑張っているのに、なぜ幸せになれないのか？」と感じることがあるとしたら、それは努力の向きが逆だっただけで、自分は悪くなかったのです。

この後の章で、努力の向きを変えるための実践的な方法もお伝えしていきます。それによって、逆向きの努力が原因で発生していたモヤ・イラは終わっていきますよ。

2章

完全肯定で清々しく生きるための3つの柱

人生のモヤ・イラを解消する実践法が「逆説人生法則」ですが、すでに一万人以上の方たちが実践し、素敵な毎日を手に入れておられます。わたしは、このメソッドは世界初！　だと思っているのですが（笑）、この章では、実際にどのようにして「モヤモヤ、イライラする否定的な人生」から「完全肯定で清々しく生きる人生」へシフトするのか、そのために必要な3つの実践法をお伝えしていきます。

その3つとは、「内面情報の解消」と「超越思考」と「逆説行動ナビ」です。これは、1章でご紹介した人生がモヤ・イラする3つの理由に対応しています。図に全体の流れをまとめてありますので参考にしてください。

1 「内面情報の解消」

では、一つ目の「内面情報の解消」から見ていきましょう。

これまで「日常は内面情報の投影である」とお話ししてきました。ここでは、モヤ・イラの原因となる内面情報の中身を一つひとつ紐解いていくことにします。

完全自己肯定で清々しく生きるための３つの柱

日常に投影される
内面情報の解消

内面情報とは?!

■理想や怖れ
たら・れば
・ねば・べき

■思い込み
・私って、○○だ
・あの人って、○○だ
・会社って、お金って、人って…etc.

■体験・感情・記憶のフィルムなど
これまでの蓄積

二元思考とジャッジを超えしくみを活用する
超越思考

従来の思考や普遍のシクミとは?!

■二元思考とジャッジ
良・悪／善・悪／可・不可／成功・失敗
すべての苦しみの元

■普遍のシクミ
・執着は叶わない
・＋と－は常にセット
・相手には自分が投影している…etc.

逆説が真！
逆説行動ナビ

これまでの努力が逆だった?!

■二元思考でよく考えても決まらない ×
ハートを羅針盤にすると決まる○

■目の前をなんとかしよう ×
目の前から内面を解消○

■上昇志向（＝実は、現状否定）×
現状全肯定からの真の創造○…etc.

①「理想」が苦悩の原因になる

たとえば、「いつも朗らかで、優しいのがいい」という理想を持っていたとします。すると、笑顔もなく優しくないようにみえる人を「イヤだな」と感じます。また、自分自身が心身ともに疲れていたりして、笑顔にも優しい気持ちにもなれないようなときは、そんな自分のことも責めて落ち込みます。

でも、「いつも朗らかで、優しいのがいい」そんな理想がなければ、「波があるのは当然だから、そんなときもあるよね」というスタンスでいられるかもしれません。すると心に余裕が生まれて、相手や自分を丸ごと受け入れることもでき、嫌悪感も湧かず、落ち込まずにも済みます。

たとえば、「与えた分は、必ず与え返してほしい。返すべきだ」という理想を持っていたとします。すると、「相手から相応の見返りをもらっていない」と感じたとき、それが苦しみになります。

でも、そんな理想がなければ、「自分がこの人のことが好きで、与えたいから与えた。受け取ってもらえたこと、それだけで嬉しいなぁ」というスタンスでいられるかもしれません。その分、心に余裕が生まれて相手との関係を丸ごと受け入れることができ、相手の存在を愛おしく感じられることでしょう。

見返りを求めない無償の愛とは、心打たれる純粋で本質的な愛です。だから、与えられた相手も嬉しいし、「自分のできることでお返しをしたい」と自然に思えます。

片や、言葉にしなくても「これだけやってあげてるんだから、あなたもやってよ！」という思いを向けたら、相手は「やらなければならない」という無言の圧力を感じて、義務感でお返ししてくるかもしれませんね。これでは苦しくなり、「喜びからのお返しの循環」は起こりません。何より、見返りを求めている自分自身が苦しいのです。

先にもお話ししましたが、「子どもは明るく元気で友達いっぱいに外で遊ぶのがいい」という理想を持つと、おとなしくて友達が少ない、インドア派なわが子が問題児に見えてしまうのも同じことです。

多くの人が無自覚に理想を抱いて、それを叶えようと努力していますが、じつは、そのこと自体が、苦悩や問題が発生する原因だったのです。

②嫌われる怖れなんて持つ必要がない

よく何かの怖れから「こうなったらどうしよう」「そうなったらイヤだから、こうしよう」と思って行動する人、いますよね。たとえば、「嫌われたらイヤだから、下手に出て仲良くしておこう」とする人などがそうですが、じつは、そうするほどに、相手が増長して上からマウントをとってきたりします。

「職場を変えても、パートナーを変えても、なぜかパワハラに遭ってしまう」みたいな場合、無自覚にやっている「嫌われないように下手に出る」という行動など、なにか嫌われる怖れからやっている行動が原因かもしれません。上からくる相手に「やめて！」と戦うよりも、下手に出る自分の怖れを解消することが先決なのです。

「人から嫌われたらダメだ。人から嫌われたくない」この怖れを解消したら、人からどう思われても気にならなくなります。自分の在り方がハッキリして下から入らなくなるので、上からマウントさせることもなくなります。

そして、じつは、嫌われる怖れなんて持つ必要がありません。なぜなら、人はそれぞれに、これまで育ってきた背景や、ものの見方・考え方が全く違うからです。3章で、さらに様々な事例を挙げて解説しますが、人は皆、その人が見たいように見て、言いたいように言うのです。そもそもそうなのだから、「人から嫌われたくない」などと相手を気にすること自体に意味がなかったのです。

このことに気づくだけでも、自意識過剰が終わった受講生は数限りなくいらっしゃいます。

③思い込みが生きづらさにつながっている

たとえば、「自分なんて、所詮、ちっぽけな存在だ」と思っている人と、「自分には、無限の可能性がある。何でもできる」と思っている人とでは、人生が全く違ってくるって容易に想像がつきますよね。その違いを整理すると、こんな感じになります。

・自己否定があると、何か行動しようとしても、自分で自分に制限をかけたり、他者との関係構築が苦手だったり、なんとなくいつも暗いオーラを発していたりして、うまくいくものもうまくいかなかったりします。

・自己信頼が高いと、何事にも「大丈夫！」とトライでき、それだけチャンスも掴みやすいし、可能性がどんどん開いていきます。

こんなふうに思ったことはありませんか。「あの人は、あまり努力している風でもないのに、なぜ、幸せそうにしているのだろう？」「あの人は、とっても頑張っているのに、なぜ、不幸感満載で生きづらそうにしているのだろう？」と。

これも同じです。「人生は愉しくて、愛にあふれているものだ」と思っている人と、「人生は、苦難の連続だ」と思っている人とでは、全く違う人生を生きてしまうものです。どちらにせよ、様々な思い込みが日常に投影されているのです。

「お金って、苦労しないと手に入らないもの」

「男って、支配的」

「女って、面倒くさい」

「結婚生活って、大変」

「親は、子どもを守るべき」

「わたしは、愛されない」

「誰も、わたしを尊重してくれない」

「人って、理不尽」

……

程度の差はありますが、人は、こんな思い込みを幼少期から無意識に植え付けています。そして、そんな目で日常を見るので、それらが投影されたことばかりが目につき、「ほら、やっぱりお金に苦労させられる」「ほら、やっぱり男って支配的」「ほら、やっぱり女って、面倒くさい」「ほら、やっぱり、結婚って、大変」「ほら、親から守ってもらえなかったわたしって、やっぱり可哀想」「ほら、やっぱり、わたしは愛されない、尊重してもらえない」「ほら、やっぱり、人って理不尽」……と思いながら、その日常を生きてしまうのです。

④内面情報への気づきから、すべてがスタート

「なんであの人、あそこまで『傷ついた』『酷いことされた』って騒ぐの?」みたいな人、いますよね。何かあるたびに過剰に反応する人です。そんな人って、面倒くさいし、ちょっと敬遠したくなりますが、なぜ、その人たちはそうするのでしょうか。ただ単に、過敏で変な人なのでしょうか。

いいえ、じつは、ほとんどの場合、その人の内面に蓄積した、過去の体験による感情や記憶、傷などが相手に投影して、過剰に反応しているのです。

たとえば、「一生懸命がんばったにもかかわらず、不遇な状況になってしまい、そのとき周りは誰も助けてくれなかった」という体験があるとしましょう。すると、それはもう終わった過去のことなのですが、それ以降、同じような状況に直面したとき、

「やっぱり、わたしは助けてもらえない！」と過去の記憶が蘇ってきます。助けてもらえなかった悲痛な感情、そのとき受けたショックなどが浮上してきて、苦しくてたまらなくなるのです。

そんなとき、〝誰か〟や〝何か〟に原因があると思って、何かを頑張ってみたり、誰かに助けてもらおうとしたりしても、苦しさは解消されません。その出来事に反応している自分の内面情報（蓄積している感情や傷や記憶など）を解消してあげることが必要なのです。

くり返しますが、わたしたちの日常に起こることのほとんどは内面情報の投影です。その内面情報は、見えないから気がつかないけれど、これに手を付けずに、人生を変えられるはずがなかったのです。

このことを知ると、「じゃあ、今、うまくいっていない原因の内面情報を解消したい！」と思われるでしょう。内面情報の解消は、気づいただけでパーンと消えることもありますし、かなり根深く埋め込まれている場合は、面談で直接解消させてもらわなければ消えないこともあります。

でも、本書をお読みくださるなかで、様々に起こる気づきだけで解消される内面情報も多いと思いますので、安心して読み進まれてください。

「逆説人生法則」を実践すると、どんな内面情報でも解消され、それに伴い日常生活もまるっきり変化していかれる方が続出なのですが、そんなたくさんの方たちを見ていて、誰より驚いているのは、わたし自身です。過剰な反応が終わったり、どうしてもやめられなかった自分責めや他人責めをやめられたり、長年の罪悪感が終わったり……、自然にそうなっていかれるのです。

これまで、どんなにもがいても、どんなにやめようとしてもやめられなかったことが、このメソッドを使うと自然に終わっていくのです。

2 「超越思考」

①二元思考とジャッジの落とし穴

内面情報に気づき解消していくとともに、二元思考とジャッジを超える「超越思考」に転換することも大切です。

わたしたちは、一日にどのくらい思考していると思いますか。米国国立科学財団によると、人は一日に1万から6万回、思考しているそうです（しかも、そのうちの約8割はネガティブ思考とのこと）。「えー？　そんなに?!」と、ちょっと驚きですよね。人は、なぜ、いつもそんなに思考してしまうのでしょうか。それは「ちゃんと生きていきたい」という生存本能や、「できることなら危ない目に遭いたくない」という危険回避本能があるからです。そのため「怖れ」も抱くのですが、当然、怖れが強い人ほど、たくさん思考します。常に最悪の事態を想定する（怖れる）から、そうならないように備えるのです。

その結果、日々起こる出来事に対して「これは悪いこと」「これは大丈夫な（良い）こと」と常に思考し、「悪いこと」と判断（ジャッジ）すると、それを何とかするために、あれこれまた思考を張り巡らせていくのです。

小さいころは大人に比べて、はるかにジャッジがありませんよね。素のまま、ありのままでいられるし、泣きたいときに泣き、甘えたいときに甘え、寝たいときに寝て……といった感じですよね。

でも、少しずつ大きくなるにつれて、「泣いちゃダメ」「甘えちゃダメ」「早く寝なさい」とか、親が良いと思っている躾（＝親の善悪のインプット）をされるわけです。すると、その「良いこと・悪いこと」として植え付けられた内面情報が、その子の、その後の人生を左右しはじめるのです。知らないうちに、しかし確実に、情報として蓄積されたものが、その子の人生に投影されていくのです。

先日、面談をしたＡさん。この方も、様々な学びを経て、弊社の講座（逆説人生法則アカデミー）にたどりつかれた方でした。講座が進むにつれ、日に日に考え方が軽く明るくなり、「自分も、これでやっと自由になれる！　幸せになれそう！」と思われた矢先、「なんだかモヤモヤするんです。幸せになることへの怖れがあるような気がして……」と言ってこられたのでした。

そこで、色々お話を伺っていったのですが、Ａさんの口からポロッと出た言葉から、無意識にインプットされていた内面情報が浮上しました。

「お母さんに、『最近変わったわね。何かしてるの？』と言われるのが怖いんです」。その言葉が出たとき、わたしもＡさんも「これだ！」と、ピンときました。

Ａさんは、幼少期から大人になった今でも、自分がしたいと思ったこと、しようとすることをお母さんに話すと、決まっていつも止められてきたそうです。お母さんからしたら、可愛い娘が心配だったのかもしれません。でも、「そんなこと、やめなさい」「そんなことして何になるの？」などと、いつもやりたいことを止められ続けたら、その子はどうなると思いますか？

まさに、Aさんがそのパターンですが、彼女は、その環境の中で「自分がなにかをやるのをお母さんはイヤなんだ」「本当にやりたいことはお母さんから隠れてやらなければいけない」と思い込んでいたのです。

ですから、彼女の内面では、こんなサイクルが動いていました。

「わたしが変化して幸せになると、お母さんに『何かしてるの？』と疑われる、怒られる」→「だから、変わらないわたしでいなきゃダメ」→「でも、変わりたい！」

このサイクルがクルクルクルクルして止まらない、終わらないで続いていたのです。

面談で、それを解消したら、途端に晴れやかなお顔になり、その後は、「何をやってもやらなくても自由！　こんなふうに生きたかった！」という日常を手にしていかれました。

Aさんは言います。「これまで様々なことを学んでも、無意識に自分で自分の幸せを止めていたのですから、変われるはずなかったですよね！」と。

このように自分が自分の幸せを止めていたり、幸せになることに罪悪感を持っていたりする人は、まさしく何か内面情報を抱えています。でも、こういうことを知らないと、なぜ自分が自分の幸せを止めるのか、原因がわからないから不安ですし、人生を変えようにも変わるはずがありません。そこで、「幽霊の正体見たり枯れ尾花」のことわざのごとく、本書でその正体がハッキリわかるとホッと安心できますし、その原因を解消できれば、自ずと人生は変化していきます。

あらためて、わたしたちの日常は内面情報の投影であると感じていただけたでしょうか。ただし、ここでお伝えしたいのは二元思考のことでしたね。先述のAさんは、二元思考のワナにもはまっていたのです。

親から植え付けられた「こうしちゃダメ」「こうしなきゃダメ」「こうするのは良いこと」「こうするのは悪いこと」みたいな二元思考のクセが身に付き、絶えずジャッジする日々を生きていらっしゃいました。そのジャッジで、さらに彼女の人生はますますモヤ・イラしていたのです。内面情報が二元思考を通して、さらに強く日常に投影されるため、幸せになれない（悩み、問題、葛藤などが増えていく）のは当然だったのです。

また、二元思考が強くて葛藤しすぎると、辛すぎて感情を切ってしまうことがあります。無意識に、対処療法的にそうしている人がいるのですが、その場合、ある程度辛さを感じずにすむのは事実です。しかし、その代わりに喜びも感じられなくなり、退屈で虚無感に覆われる場合もあります。

では、どうしたら、こんな状態から脱出できるのでしょうか。それは、内面情報の解消とともに、二元思考とジャッジを超越することです。それによって得られるのが本書でお伝えしたい2つめの柱「超越思考」なのですが、これから、この超越思考を手に入れる方法をお伝えしていきますね。

②「超越思考」を手に入れる方法

「超越思考」を手にいれる方法は、至ってシンプルです。次の二つのステップをクリアするだけです。

ステップ❶　以下の二つのことを知る。
（1）「良いだけ・悪いだけのものなんて無い」
（2）いくらジャッジしても、じつは自分の内面情報の投影
ステップ❷　心が波立つとき、ステップ1の二つを思い出し、それまで無意識にやっていた「二元思考」と「ジャッジ」を見破る。

この2つのステップだけで、それまでの思考のクセが変化していきます。気づいたら、自然に自分の思考が超越思考に切り替わっていますよ。「えっ！　それだけ！」って思われますか？　そうです、やることはとてもシンプルなんです。

ただし、先述したとおり、人は、生存本能から、もう自動的に、無意識に二元思考とジャッジをしますから、それを超えて超越思考を定着させるのは、やはり難しいです。そうではあるのですが、やることはシンプルです。この思考が定着するまで難しくても淡々とくり返してやるだけです。

自転車に乗れたときのことを思い出してください。何度も何度も転んでは乗る、それをくり返しているうちに、気づいたら自転車に乗れていた、あの感じです。この思

考が定着するまで、くり返し、くり返し淡々とやっていけば、必ず超越思考に転換する日が訪れます。

では、もう少し詳しく解説しますね。まずステップ1です。

ステップ❶

ここで知ることは、次の二つですが、なぜ、そのように言えるのか、解説していきますね。

(1)「良いだけ・悪いだけ」のものなんて無い

たとえば、「**健康が良くて、病気は悪い**」というのは、誰もが信じて疑わないことですよね。しかし、健康は良いことだけ、病気は悪いことだけでしょうか。

健康だと過信していると、つい無理をし続けてしまうこともありますよね。あるいは、「あなたは体が丈夫だから!」と思われていると、重労働を頼まれやすいかもしれません。それで疲労が溜まると、自然の摂理として、まずは軽い体調不良が起こりますが、それも跳ね除けて頑張れて、ぎりぎりまで休まなかったら、いきなり過労死なんてことが起こる可能性もあります。

病気だとわかれば、休むことができ、それまでの疲労を癒すことができ、周りから気遣ってもらえたり、「これまで健康で働いてくれるのが当たり前だと思っていたけど、こんなに体が悲鳴をあげるくらい頑張ってくれていたんだね。いつもありがとう。早く元気になってね」と家族が労ってくれて絆が深まったりすることもありますよね。健康と病気、それぞれに良いこと、悪いことがセットになっていて、どちらかだけが良いとか、悪いとか言えないと思いませんか？

「成功と失敗」もそうです。成功が良くて、失敗がダメだと思っている人は多いものですが、でも、本当にそうでしょうか。

「失敗は成功のもと」という言葉もありますが、「失敗から学ぶこと」ってたくさんありますよね。「あの挫折があったから、人の優しさのありがたみがわかるようになった」とか、「あの挫折があったから、うまくいかない人の気持ちがわかるようになった」とか……。それを通して人間の深みが増すこともありますよね。

ビジネスにしても、トライ&エラーの積み重ねで、どんどん良いものが出来ていったりします。失敗が成功につながっているのだから、失敗はダメなものではないし、失敗を嫌う理由がないですよね。

「**わかってもらえる・わかってもらえない**」も、そうです。「わかってもらえる＝良いこと、わかってもらえない＝悪いこと」と思っている人も多いと思いますが、でも、果たしてそうでしょうか。

なんでもかんでも簡単にわかってもらえていたら、わかり合える喜びを感じられないかもしれませんし、あまり苦悩しないので真理の探究もせず、内面の成長がないかもしれません。なかなかわかってもらえなかったら、わかってくれる人と出逢えたとき、ものすごい喜びを感じられたり、苦悩の末に学びが深くなったり成長したりするかもしれません。

「**あの人は良い人・悪い人**」も、そうです。

「あの人は、悪い人だ」と思ったとしても、その人は一時的に「あなたに勘違いをして嫌な態度をしていただけ」かもしれません。あるいは、「いっぱいいっぱいで余裕がなかっただけ」かもしれません。

反対に、「あの人は、良い人だ」と思っても、親密になると、「え？　こんなにケチだったの？」「こんなに配慮がない人だったの？」みたいな悪い面も見えてきたりするものです。優しい人は、優柔不断な側面があったりしますし、リーダーシップがある人は、傲慢な側面もあったりします。

「すべて良いだけの人」「すべて悪いだけの人」なんていませんし、自分も常に「良いところだけ」「悪いところだけ」なんてないのです。余裕がなかったり、調子が悪かったりしたときは、人に優しくできないこともあるかもしれない。苦手なことがあっても、何か別の側面で誰かの役に立てることもあります。

書き出せばキリがないのですが、すべては良い・悪いが混ざり合って存在しているのですから、ハッキリ、クッキリ「良い・悪い」「善・悪」に分けることなんてできないのです。なのに、わたしたちは、二元思考のワナにはまってモヤ・イラしていただけだったのです。

(2)いくらジャッジしても、じつは自分の内面情報の投影

すでに「内面情報の解消」のところでも詳しく解説しましたが、目の前の〝誰か〟や〝何か〟を「良い・悪い」でジャッジしても(裁いても)、じつは、目の前の〝誰か〟や〝何か〟は自分の内面の投影なのですから、根本解決になりませんよね。

たとえば、自分が誰かの犠牲になって頑張っていると思っていたら、同じように自己犠牲して頑張らない人を見たとき、「なぜ、あなたもやらないの?」と腹が立ちます。

「あの人は怠けている！」と怒っても、自分が自己犠牲しているから、相手にもそれを求めているだけだったということは、本当に多いです。

「あの人に、こうされた！」「あの人が、こうしてくれない！」という被害者意識で、不平・不満・怒りを抱えている人もたくさんいますが、それも自分の中の「こうあるべき！」「こうしてよ！」という理想や要求が叶わなかっただけ（自分の理想や要求を相手にぶつけているだけ）の場合がほとんどなのです。わたしのところの受講生の皆さんも、被害者だったつもりが、じつは、自分が加害者だったことに気づいて、本当に驚かれるのです。

外面（目の前の日常）の悩みや問題が、どれも自分の内面情報の投影だとしたら、イヤな出来事があったとき、その根本原因である自分の内面情報を解消しなければ、何一つ終わらないですよね。

ところが二元思考をしていると、内面情報は全く解消されません。大切なのは、**「相手には、自分の内面が映っている（＝相手は自分）」と知って、分離しないことです。**

じつは、人は自分のことだけがわかりません。姿・形も、鏡では見られても、直接見ることはできませんよね。ましてや自分の内面はもっと見えません。

なんとか垣間見えるのは、相手に対して感情が動くときです。たとえば、相手が怠け者に見えて腹が立つとき、自分の「自己犠牲グセ」を知ることができます。「助けてくれない！　ひどい奴！」と思うとき、自分の内面に「過去、助けてもらえなかった傷がある」ことがわかる、といった具合です。

だとしたら、日々のなかで感情が沸き立つ相手や出来事は、すべて自分の内面情報を知るありがたい鏡だとわかります。このことに気づいて、〝誰か〟や〝何か〟をジャッジすることを終わらせた人はたくさんいます。

ステップ2　二元思考とジャッジを見破る

ここでやることとは、「心が波立つとき、ステップ1の二つを思い出し、それまで無意識にやっていた二元思考とジャッジを見破ること」です。〝誰か〟や〝何か〟に心が波立ったら、二元思考とジャッジにはまっていないか意識して見破ってください。これを続けているだけで、自然に「超越思考」に切り替わっていますよ。

3 「逆説行動ナビ」

次は、「逆説人生法則」の三つ目のメソッド、「逆説行動ナビ」です。

わたしが人生や人間への探究が止まらずに、相当の年月と労力と資金をかけて、国内外の様々な学びに身を投じてきたことは、すでにお話ししたとおりです。そんな学びの現場では、「良くなったように思っても、またくり返してしまう」「どれだけ実践しても人生を変えられない」という声を数多く聴きました。そして、あろうことか、なかには「学ぶほどに酷くなる」と言っている人たちもたくさんいたのです。

みんな、なんとか自分を変えたいと一生懸命、学び、実践し、頑張っているのに、なぜ？？？

その研究を続けるなか、わたしが発見したのが、**うまくいかない人ほど「真逆の努力をしている」**ということでした。まさかですが、それは「アプローチのしかたが真逆だった！」ということでもあります。それなら「これまでと真逆をやるしかない！」と確立したのが「逆説行動ナビ」です。これによって「逆説人生法則」は完成しました。

「これまでと真逆をやる」というと、実際の行動を真逆にすればいいと思われるでしょうが、それだけではありません。行動の「大前提」も真逆にする必要があるのです。それをやらずに行動だけ変えても、結局、同じところにしかたどり着けないからです。

その「大前提」とは、「そもそも、それは問題なのか？」という問いに集約されます。じつは、**目の前で起こっていることを問題として捉えて、それをなんとか解決しようとしていること自体が問題なのです。**問題に見えていたことは、じつはそこに投影されている自分の内面情報がわかるありがたい出来事であって、そもそも問題ではなかったのです。

そう！　**「問題を解決しよう」から「そもそもそれは問題ではない」へと真逆の大前提に転換する**ことが必要なのです。それによって人生の根本問題を解決できるし、目の前の問題にも安心して取り組むことができます。

そうやって、大前提を真逆に変えたうえで、次は「逆説行動ナビ」の実践です。これまでにお伝えした内容と重なる部分もありますが、実際の方法論のまとめとしてお役立てください。

①「理想」や「怖れ」などの執着を手放す

多くの人が「こうなりたい！」「ああなりたい！」とその理想を叶えるために……、あるいは、「こうなりたくない」「これだけはイヤだ」とその怖れを避けるために……、二元思考をしながら様々な方法を探して実践しています。

しかし、これまで、くり返しお伝えしてきたように、「理想」をつくると「失望」や「絶望」が生まれます。「怖れ」があると、それを「回避しよう！ 回避したい！」と力んで、結果的に怖れていた事態をひき起こします。そんな場合が多いのです。

たとえば、「重大なプレゼンだから絶対に失敗は許されない。頼むよ」とか、「大切なお客様だから、絶対に粗相がないようにお茶を出してね」などと言われたとしますると、「わー、大変だ。失敗しないように、失敗しないように！」と力んで、話が噛み噛みになったり、表情がこわばったり、お茶をひっくり返してしまったり……。そんなことになりやすいですよね。

よく、スポーツ選手が結果を出すのに「力を抜こう」「リラックスが大切」などと言いますが、「成功したい！ 失敗したくない！」と力むと、かえって本来の力が発揮できず本末転倒になってしまうのです。

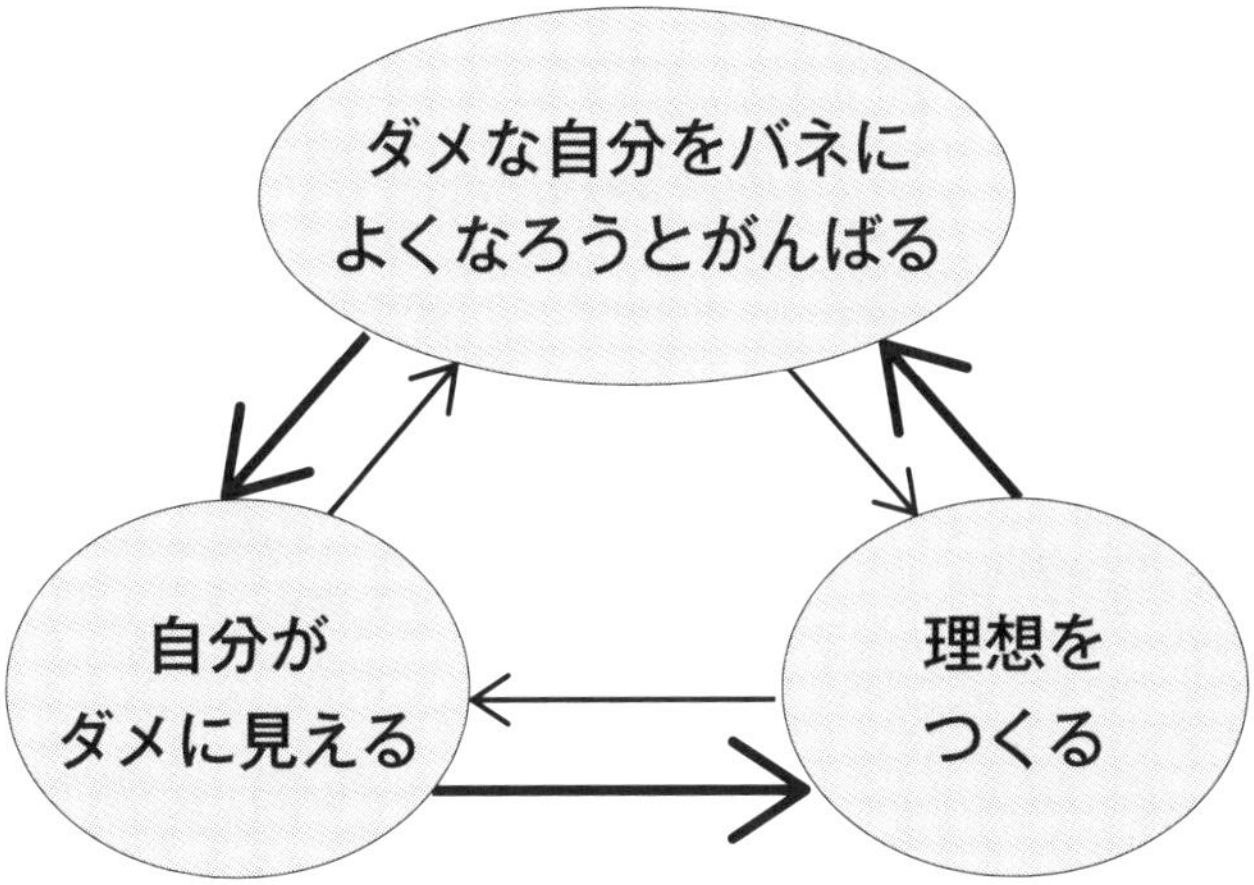

まず必要なのは、「理想実現」「怖れ回避」に向かって頑張る執着を手放すことです。

こうお伝えすると必ず、「えー？　理想を叶えるために学んでいるのに、それを手放すのですか？　理想を持たないなんて、つまらない人生にならないですか？」と聞いてくる人がいますので、もう一段階、深い話をしますね。

序章でもお伝えしましたが、内面情報に「理想」があると、今の自分がダメに見えます。すると、ダメな（ダメに見える）自分を良くしようと頑張ります。それでも、なかなか満足いく自分にならないので、また次の理想をつくります。この負のサイクル

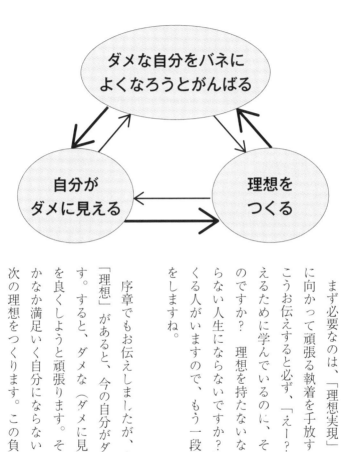

をクルクルくり返し、そこから抜けられないのです。

「理想」や「怖れ」などの執着を手放し、二元思考を超えた「超越思考」の領域は、二元に分かれない一つの世界です。ただ、純粋に、それをやりたいからやる世界です。結果のために頑張るのではなく、プロセスが愉しいからやる世界です。序章でお話しした子どもが砂山をつくっている、あの感覚です。

「認められるから」「愛されるから」「お金が手に入るから」みたいに、何か結果を得るためにやっているのではない。ただ、純粋に砂山を、**つくりたいからつくっている!**　だから、ずっとつくっていても飽きない。トンネルを掘ったり、水を流したり、砂山を大きくしたり……。夕方、「もう帰るよー」と言われても、「やだー」と言うくらいやり続けたい。

これこそ、まさにフリーモチベーションです。下がらないから上げる必要がない。もし何かをやるときに、モチベーションを上げないといけないとしたら、そもそもモチベーションが下がるようなことや、下がるようなやり方をやっているからです。

「理想」や「怖れ」などの執着を手放し、二元思考を超えた「超越思考」の領域に入ると、これまで二元思考で無理やり頑張っていたころより、はるかに愉しく、軽く、圧

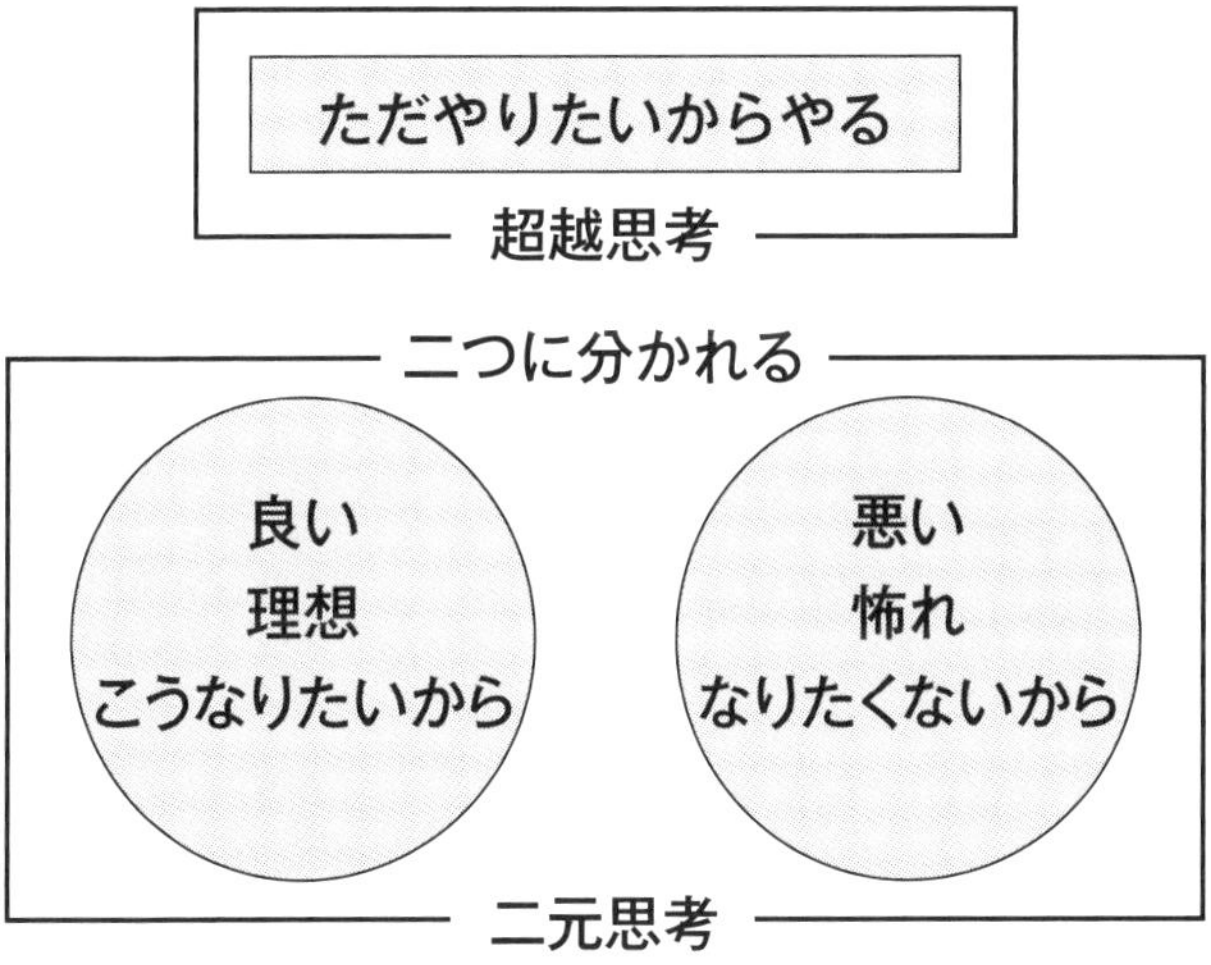

倒的な仕事量をこなしながら、真の成幸を手に入れることができます。わたしや、これまでの受講生たちが、すでにそれを実証しています。

ものごとは執着するほど叶わないといわれますが、「追えば逃げる、逃げれば追われる」という人生のシクミは、なんとなくイメージできるのではないでしょうか。結果ばかりに執着していると、他のものを蔑ろにしがちで、失うものも出てきます。だから、結果に執着するのではなく「プロセスに全力投球」する。このスタンスでいると、やっているだけで愉しいですし、そのエネルギーは周りも心地よく楽しいので、一緒に応援したくなります。

それが、結果につながらないわけがないですよね。まさかですが、理想に向かって頑張ったり、怖れを回避したくて頑張っていたころより、それらを手放したほうが、はるかに愉しく、軽く、多くの結果を得られるという、まさに逆説だったのです。

②内面に向かう

何かが起こったとき、人は、起こった「何か（＝外面）」を「どうにか」しようとします。しかし、これが逆でしたね。

たとえば、人から疑われたとします。すると、たいていは、その疑いを晴らそうとします。「違うよ。自分は、そんなことやってないよ」と色々、釈明するのです。でも、「やってない、やってない」と言えば言うほど、泥沼になっていく。

それと真逆に、「ふーん、そう思うのね。ま、そう思っていてもいいけど、わたしは無関係だから」と、疑われていることを問題にしなければ、周りの人も「なんかあの人、無関係かもね」と収束していく……。そんな経験、された方もいらっしゃるのではないでしょうか。

これは、「わたしたちの意識がつながり合っているから、こちらが気にしていると相手も気にし続けるし、こちらが気にしないと相手も勝手に気にしなくなる」という作用です。

ただし、それができたとしても、その後、「内面に向かう」ことが大切です。なぜ、疑われたのか、自分の内面情報の何が投影されたのか、それを発見して解消するのです。このことは、1「内面情報の解消」のところで詳しく解説しましたので、読み返して確認していただいてもいいですよ。

ここでは、わたしの実体験で、さらに「こんな内面情報の気づき方もあるんだ！」とわかる事例を小説仕立てでお届けします。興味がある方は、二次元コードからアクセスしてご覧ください（【小説】「え？　うちの次男が泥棒?!」事件）

③頭よりハートを優先する

多くの人が、頭の判断を優先させて行動しています。たとえば、「本当は、やりたくないけど、やってあげないと後々面倒だから、やってあげとこう」みたいな感じです。ハート（心）はイヤなのに「頭で判断した」行動をするのです。「本当はイヤだけど、相手に合わせておくか……」「本当は行きたくないけど、相手に悪いから行っておくか……」「本当はイヤだけど、生きてくためには仕方ないか……」

と、ハートを犠牲にして頭の判断を優先し続けていると、どうなると思いますか。

そう、いつも「自分の想いを自分が裏切っている」ので、楽しくないし、もちろん幸せなんて感じられません。それだけなら、まだいいのですが、そのままにしていると、内面の投影としてもっと辛いこと、たとえば「詐欺に遭う」とか「信頼していた人から裏切られる」といったことが起こってくるかもしれないのです。

そうならないためには、「頭よりハート」なのです。

わたしの元に、日々やって来られるたくさんの方たちの中には、投資詐欺などで騙されたという方も少なくありません。そんな方々にお話を聞いてみると、やはり、ほとんどの方が「自分のハートを裏切って、やりたくない自己犠牲」をされてきていました。詐欺をした相手を憎むのはそれでいいですが、自分を犠牲にしてまでも相手のために尽くすという「自己犠牲」を終わらせることも大切です。

わたしは、自分の人生を実験台にしながら研究するなかで、以前の「効率主義、結果主義の頭優先」な生き方から、「ハートを大切にする」生き方に切り替えてみました。すると、本来やりたかった、ハートが喜ぶ未来が創造されはじめたのです。それは、今も続いています。

過去も完全に変わりました。受験の挫折、上昇志向の挫折、結婚の挫折、子育ての挫折、経済的挫折……。様々な困難がありましたが、今ではそれらすべてが、「今の自分がこうなるために、必要不可欠だった！」とわかり、すべてが見事なプロセスで用意され続けていたことがわかって、感謝しかなくなりました。

そう、「現在」を起点に、「未来」も「過去」もすべてが愛おしい日々を生きているのです。この生き方を、わたしは「ハートを羅針盤に！」という言葉でお伝えしています。さぁ、あなたもこれから、「ハートを羅針盤の人生」に切り替えてみませんか？

余談ですが、「自分のハートを大切に生きよう」とお伝えすると必ず、「自分を大切にするなんて、わがままになりませんか?」と言う人がいます。でも、これが逆なのです。あなたが、もし自己犠牲をしていたら、「自分に優しくしている幸せそうな人」を見たとき、どう感じると思いますか。そう、何かモヤっとするんです。「自分は不幸なのに、なんであなただけ幸せなの?」と。怖いですよね。自分が不幸だと、相手の不幸まで願ってしまいかねないのが人間ですから。

だから、わたしは、「自分を大切にして、幸せな感覚でいられる人を、たくさん増やしたい」と思っています。「幸せな人」は勝手に、「人の幸せ」も願えるから。この世を、殺伐とした、足の引っ張り合い、落とし合いの世界ではなく、「お互いに相手を想いあえる、愛と調和の世界」にしていきたいのです。だから、お願いです。あなたも、一点の曇りもなく幸せになってください。

④陰・陽をセットで受け入れ愛しむ

多くの人が、無意識に「良い・悪い」「できる・できない」「成功・失敗」「幸・不幸」……と、挙げればキリがないほど二元思考でジャッジして苦悩を生み出していることは、これまでお伝えしてきたとおりです。補足までに、ここでは「陰と陽」についてもう少し考えてみたいと思います。

「陰と陽」は「お互いの存在がなければ、片方だけでは存在できない」と理解することもできますよね。スポットライトが明るく輝くのは、周りの照明を落として暗い中で照らすからです。白昼の戸外で、どんなにスポットライトを照らしても、その光は見えないですよね。

人生も、同じです。光だけしかなければ、光の喜びがわかりません。「冷たくされて悲しかった」経験があるから、「優しくされる喜び」も、ひとしおに感じられるのです。優しくしかされてこなかった人は、優しくされるのが当たり前なので、その喜びはさほど感じられません。そればかりか、優しくされて当然と思っていたら、優しくされなかったときに怒りさえ生み出します。

陰があるから陽を感じられる。だとしたら、陰（悪い・できない・不幸・失敗……）を問題にしたり、排除しようとしたりする必要が無いですよね。まとめると、こうです。

・悪役がいるから、正義のヒーローが存在できる。
・人は、できない部分があるから、できる人にサポートしてもらったりして、感謝や

絆を体験でき、お互いに、支え合う喜びを感じられる。

・世の多くの成功者が「自分たちは、人より圧倒的に多くの失敗をしてきただけだ。トライ&エラー。エラーを修正し、また次に向かい続けただけ」と、よく言っている。「失敗は成功の母」という言葉もある。一見「失敗」に見えることも、じつは、次の成功のなかのプロセスでしかない。

・不幸かと思ったことのなかにも、必ず幸せがある。たとえば、「大切な人を失って、絶望的な喪失感のなかにいる人」も、そこまで喪失を感じられるほど、じつは、その人といたとき満たされていたということ。ものすごく満たされていたからこそ、壮絶な喪失感がある。だとしたら、「喪失感」ばかりで辛くなるのではなく、そんなに充足を感じさせてもらえるほどの人と、今生で出逢えて共に過ごすことができていた喜びも噛み締めたらいい。

どうでしょう。陰（マイナス的なこと）を嫌って排除しようとする必要なんてないと思いませんか。

陰（マイナス的なこと）と陽（プラス的なこと）はセットで存在しているのですから、両方を愛おしめる「超越思考」が必要なのです。これを手に入れずして、苦悩を終わらせ、真の幸福感で生き続けることは難しかったのです。

「超越思考」を手に入れると、今までとは全く違う「愛しかない日常」を生きることができるようになりますよ。それこそ、目を開けたまま、日常の中で、瞑想中に感じる多幸感そのもので暮らすことができるのです。

⑤ゼロ磁場のように壮大なエネルギーフィールドに入る

先ほど「喪失感」の事例を挙げましたが、わたしの元に来られる方たちのなかには、「大切な人を亡くした方」「ペットロスで苦しんでいる方」「別れた人への未練が終わらない方」など、喪失感で苦しんでいる方が数多くいらっしゃいます。

そんなときは、面談などの場で先ほどの「陰の中にある陽」のお話をするのですが、皆さん決まって、目から大粒の涙をこぼされ、一瞬で、その苦悩の奥にあった、大きな、大きな愛と喜びに包まれていかれます。

「喪失感（マイナス）」と「充足感（プラス）」どちらか片方だけを見るのではなく、両方を同時に見る。そうすると、「プラマイゼロ！」で、マイナス感情は一瞬で消えるのです。さらにそれは、消えて全くのゼロになるというより、プラスもマイナスも、どちらも愛おしく感じられる領域に入る感覚です。

たとえるなら、そこはパワースポット巡りで体験する「ゼロ磁場」のようでもあります。プラスのエネルギーもマイナスのエネルギーも併せ持つ壮大なエネルギーフィールドです。そこに至ると、創造的で豊かな人生を送る世界が開けてきて、それはもう感動があふれるばかりです。

3章

モヤ・イラ人生がスッキリ解消した体験が次々と

わたし自身はもちろん、これまで一万人を超える受講生の皆さんが、二元思考を超えた超越思考に転換することで、モヤ・イラ人生をスッキリ解消する体験をされています。この章では、そのなかから典型的なケースをご紹介します。きっと「なるほど！思考を変えると一瞬で問題が問題に見えなくなる！」という実感を得ていただけると思います。ご自分のモヤ・イラを解消する助けにもなるはずです。

1 「どちらが正しいのかわからない」が解消した

どちらが正しいのか悩むケースって、日常で、ときどき起こると思います。ここでは、次の3つのケースで考えてみます。

①誘われたけど気乗りがしないとき、そこに行くのが良いのか悪いのか
②相手を怒らせてしまったとき、自分がとった行動は良かったのか悪かったのか
③AさんとBさん、どちらが言っていることが正しいのか

ほとんどの場合、こんなときは「良い（正）・悪い（誤）」があると思い込んだ二元思考になるので、ひたすら、どちらが良い（正しい）のか悪い（誤っている）のか……

と悩んでしまいがちです。しかし、本当は……?! ケースごとに見ていきましょう。

【①のケース】誘われたけど気乗りがしないとき、そこに行くのは良いのか悪いのか

・気乗りしないのにそこに行くとしたら、相手への面目が立つという良い面と、でも苦痛な時間を過ごすという悪い面があります。

・そこに行かないとしたら、相手への罪悪感を抱くという悪い面と、でも自分の気持ちに正直になれるという良い面があります。

【②のケース】相手を怒らせてしまったとき、自分の行動は良かったのか悪かったのか

・あのとき、その行動をとったことで、自分の正直な気持ちを貫けたという良い面と、でも、それによって相手が怒ってしまったという悪い面があります。

・あのとき、その行動をとらなかったとしたら、それによって自分は未だに我慢し続けなければいけなかったかもしれないという悪い面と、もしかしたら相手は怒らなか

ったかもしれないという良い面があります。

つまり、**「どちらを選んでも、良い面・悪い面がある」という意味ではどちらも同じ**だと思いませんか？　だから、どれだけ考えても答えが出ないのです。

ですから、どちらも同じと知って、あとは「良い・悪い」を超えた感覚で、自分のハートを羅針盤にして決めたらいいのです。そのうえで、もし何かをお断りするときは、相手への言い方だけを工夫して伝えたらいいのです。もし、伝えるとき相手に対する罪悪感などが出てくるようでしたら、それをつくりだす内面情報がありますから、それを解消します。そうすれば、本当に自分に正直にスッキリ生きられるようになりますよ。

それでも、相手が怒った場合について、お伝えしておきたいことがあります。じつは、相手が怒ることは決して問題ではありません。相手には、あなたの言葉に反応してしまう内面情報や何かの事情があるからです。ですから、相手が怒ったことをそのまま「それでいいよ、大丈夫だよ」と受け入れます。

そして、相手が怒るということは、裏を返せば、それだけあなたに心を許しているということでもあります。この人に素を出したら何をされるかわからないと怖がっていたり、見放されるかもしれないと思っていたりすると、怒ることもしないでしょう。

このことを知っておくと、怒っている相手の見え方が変わりますよ。

もし、それでもなお、相手が怒ることに自分の感情が波立ってしまうときは、自分の中に、「相手を怒らせたら生きていけない」みたいな思い込みが内面情報として存在しないか確認し、見つかったら解消します。心が落ち着いてきて、状況も自然と落ち着いていきますよ。

余談ですが、そうやって「どちらも同じ」という感覚でいると自分や相手をジャッジすることもなくなります。すると周りからジャッジされることもなくなってきます。つまり、無敵に生きられるようになるのです（「敵がたくさんいる中で最強」という無敵ではなく、文字通り「そもそも敵なんていなかった」という無敵状態になります）。

【③のケース】Aさんと Bさん、どちらが言っていることが正しいのか

Aさんには Aさんの、ものの見方、感じ方、考え方があります。そのAさんからしたら自分の言い分が正しいのです。それは、Bさんも同じです。

そもそも、お互いに、これまでの背景が違うのですから、AさんとBさん、どちら

も「自分が正しい」のです。なので、それを見ている第三者が「どちらが正しいんだろう?」と悩んでも、答えは出ませんよね。

それなのに、「どちらかが正しいはず」と思い込んでいるから犯人探しをするわけです。じつに不毛ですよね。

こんな場合は、「Aさんから見たらそうだよね」、「Bさんから見たらそうだよね」、「お互いに、ものの見方や感じ方、考え方が違うのだから、どちらも正しいよね」と知って、そこからどうするのがいいか? **「正・誤」「善・悪」を超えた超越思考で最適策を考えたらいいのです。**

まとめ

どちらか一方が良い(正しい)とか、悪い(まちがっている)とか、じつはない。

2 「どれが正しい道（選択）なのかわからない」が解消した

「どの道に進むのがいいのかわからない。どれが自分の道なんだろう？」これも、人生の中で、ときどきやってくる悩みですよね。

「今朝は朝食を食べるのか、食べないのか」といった小さなことから（笑）、進学や就職、結婚など割と大きなことまで、人生は常に選択の連続です。そのたびに、「正しい選択をしたい！　失敗したくない！」という思いにとらわれて、「どれが正しい道なんだろう？」ともがいている人は、とても多いです。

でも、そのままではスッキリする答えを見つけるのは難しいですし、「あんなに悩んで決めたのに、やっぱりこっちの道を選べばよかった」と、あとで後悔することも少なくありません。

では、どうしたらスッキリと答えを見つけられて、あとで後悔しない選択ができるのでしょうか。これもまた逆説的な答えなので、驚かれるかもしれませんが、多くの受講生で実証済みの答えをズバリ、お伝えしますね。

それは、「正しい道なんてない」と知ることです。「えー？　正しい選択をしたいのに、それが無いって、どういうこと？」と頭が真っ白になる受講生もいますので、もう少し解説しますね。

超越思考は、二元思考を超えると同時に、逆説的な思考でもあります。逆説的な思考とは、「真逆のやり方をやってみる」思考です。すでにお伝えしましたが、わたしは、自身の生きづらい人生のなかで、この発想に辿り着き、「努力の向きを逆向きにする！」という思考実験をしました。ここでは、上昇志向が自分の道を失敗だと思わせていた事例を使って解説しますね。

上昇志向が自分の道を失敗だと思わせる

序章でも触れましたが、わたしはずっと、自分に対する無価値観にさいなまれていました。「一角の人になりたい、すごい人になりたい」と頑張るのに、いつまで経っても想い描くような自分にはなれないという焦燥感を抱えていたのです。

それだけでなく、自分が何者でもないことへの恐怖や嫌悪感、焦りなどが日に日に膨らんで、最後は大きな塊となってのしかかっていました。今から振り返っても、本当に苦しかったです。

しかし、そんな自分だったころも、周りからは褒められていました。外見は、素敵に見えていたようなのです。ある程度の大学、ある程度の就職。色んなジャンルで、わりとすぐ〝先生〟にもなっていました。ありがたいことに慕ってくださる方もいましたが、そんな状況でも、じつは、わたしの心中は全く真逆だったのです。

周りからどんなに認められ、褒められようと、いつも心の中では、「わたしは、メッキを貼ったハリボテだ。周りが思っているほど、自分は本物じゃない。これでは、わたしを慕ってくれる人たちに申し訳ない。どうしたら本物になれるんだろう」と葛藤していました。

ですから、本物になるのに役立ちそうだと思ったら、なんでも手当たり次第に学び続けていました。わたしにとっての本物とは、最初は「苦労して育ててくれた両親に、すごい人になって恩返しができるくらいの存在」ということだったと思いますが、そこに「自分が自分に納得できるくらいの存在」という理想も上乗せされて、どんどん「そんな存在にならなければ自分を許さない」と、上昇志向の塊になっていったのでした。

今の若い世代の人たちは、昭和世代の人ほど上昇志向を持たなくなったといわれますし、「ガンガンに社会で立身出世を目指す！」という人は減っていると思います。でも、やはり個人としては、より豊かな生活がしたいし、より素敵なパートナーが欲しいし、より素敵な自分になりたいし……。そういう上昇志向を抱えている人は、今も多いと思います。


いずれにしても、上昇志向にはかなりの弊害があります。そのことに気づいて、四十代になったあるとき、実験をしたのです。目指して頑張ってもそうなれないのなら、目指すこと自体をやめてみる、と。

すると、なんだか肩の荷が降りて、初めて、なんとも言えない安堵感に包まれ、深い呼吸ができました。そして、次の瞬間、「今の自分でも、それなりに頑張ってきて、やれてきたこともあって、なんだか素晴らしいんじゃないか」って、初めて自分を客観的に公平に見る（認める）ことができたのです。

このとき、二元思考がひき起こす弊害と、そのシクミを発見しました。くり返しになりますが、二元思考は、なんでも二つに分けて、「片方を良し」とし「片方を悪」とする思考です。ところが、その「良い・悪い」はセットで存在しているのです。理想と失望もセットで存在するので、理想を掲げると失望が生まれるのです。

「上昇志向で、上を、上を目指すほどに、自分がとことんダメに見える」というシクミに、わたしはスッカリはまっていたのです。

上昇志向にコリ固まっていたころは、「道を誤った自分は、人生の失敗者だ」と思っていました。「なぜ、もっとこうしておかなかったんだろう……。なぜ、あのとき、あの選択をしたんだろう……」と、過去を悔いることもしばしばでした。

ところが、上昇志向を手放して、そこから抜け出すことができると、あるがままの自分を、奢るのでも卑屈になるのでもなく、「良い・悪い」を超えたところで認めることができるようになり、本当に楽になりました。

人生の失敗とか成功とか、歩いてきた道がまちがっていたとか、正しかったとか、そんなの関係ない人生に切り替わったのです。このときわたしは、上昇志向が「自分は道を誤った失敗者だと思わせるシクミ」を発見し、確認しました。

では、「どれが正しい道（選択）なのかわからない」というところに、話を戻します。またまたくり返しますが、二元思考は「正しい・まちがい」、「成功が良くて、失敗はダメ」を前提にして正解を探そうとします。ところが、じつは、正しい道なんてないし、成功も失敗もありません。

わたしの人生についていえば、失敗と見ることも、成功と見ることもできます。周りの人も、わたしの人生を失敗と見る人も、成功と見る人もいるでしょう。でも、誰がどう見てもよくて、ただ、わたし自身が、失敗も成功も超えたところから「**これで良かった。この道を歩いたおかげで今がある」と思っていることが大切**だと思うのです。

要は、**自分が歩いた道が道になるだけだったのです。誰かが歩いた道は、その人の道であって、自分の道と比べる必要はありません。**自分の人生なのだから、自分が歩きたい道を歩けばいい。そして、その道中の体験を愉しみ、こうなったということは、これで良かったのだと、完全自己肯定さえできればいい。そうすればそこには、正しい道もまちがった道もないと思いませんか。周りが何を言っても、自分の人生ですから、自分に主導権があるのです。

もちろん、傍若無人に何でも自分勝手をしていいということではありません。ここまで読んできてくださっている皆さんには、当然伝わっていますよね。

まとめ
正しい道なんてない。
成功も失敗もない。

3 「飲み込まれて苦しかった不安」が解消した

不安といっても、人によって色々です。「健康、お金、対人関係などある特定のものごとに対して抱く感覚」だったり、「とくに何に対してというのではないけれど漠然とした感覚」だったり、「明け方になると湧いてくるゾッとするような感覚」だったり……。

わたしのところにも、色んな不安を抱えて、それをどうにかしたくて来られる方は結構たくさんいらっしゃいます。

さて、そんな不安を解消するには、どうしたらいいと思いますか？　たいていは、不安を感じると、消そう消そうとします。それは、不安を悪者にしたり、問題にしたりしているからです。では、そうやっていくら消そうとしても、不安って消えるものでしょうか。

答えは「Ｎｏ！」ですよね。「追えば逃げる、逃げれば追われる」という法則があるように、消そう、消そうとするほど、じつは消えないんです。瞑想などでも、雑念が浮かんだとき、その雑念を消そう、消そうとすると、かえって大きくなる経験をされた方もいらっしゃると思います。だから逆に、「あぁ、浮かんできたなぁ……」と、その雑念も受け入れて傍観しているほうが、確実に早く雑念は消え去ります。

不安も、そうなんです。「消す」とは真逆に、「受け入れる」んです。だって、不安はあって当然だから。なぜなら、わたしたちの脳は、危険回避の本能として色んなことに不安を感じるようになっているからです。大切な自分を守るために、常に「これは大丈夫かな？」「危険じゃないか？」「だったら、なんとかしないと……」と、不安を感じることで対策を立てて身を守ろうとするのです。

もし、何に対しても不安や怖れを感じないとしたら、たとえば、高いビルからだって平気で飛び降りて死んじゃったりしますよね。だから、見方を変えれば、不安って必要不可欠な要素でもあるんです。

「なーんだ！　不安は、あって正常！」と知ると、少しホッとしますよね。それが、受け入れたということです。それだけで、ずいぶん不安は小さくなります。

受け入れられないことを受け入れる方法

「受け入れる」について、少し補足しておきます。「受け入れると消える」この逆説を知ったほとんどの人は、目の前の相手や出来事をできるだけ受け入れようとしはじめます。でも、それでは受け入れられません。そもそも「受け入れよう！」と力むのは、それが「受け入れられないこと」だからです。

たとえば、「今、立ってください」と言われたら、(何か身体的にご事情がある場合は除いて) スッと自然に立ちますよね。「立とう！」としなくても自然と立てる。それは、「当然立てる」と知っているからです。つまり、「立とう」とするのではなく、当然のこととして立てると知っていると、立とうと力まなくても、勝手に立てるのです。
不安も、「当然あるもの」と知ると、力まずとも、自然と受け入れられているのです。だから、もし、ある相手や出来事を受け入れようとしている自分がいるときには、「そもそも、自分はそれを受け入れられないと感じているんだな」と知り、「自分の立場なら受け入れられなくて当然だよ」と、その「受け入れられない自分」を当然だと知る。すると、心がスーッと軽くなり、気づけば勝手に、それまで受け入れられなかったことが受け入れられている。そんなふうになりますよ。

危険回避の本能があるかぎり、不安を完全に消すことはできません。ただ、受け入れると最小限に小さくすることができますし、さらに、超越思考に転換して純粋にやりたいことに集中できるようになると、不安を感じる暇がなくなります。その結果、不安がほぼ無い状態で生きられるようになっていくのです。

これが原則ですが、人によって多少違いはあります。たとえば、不安があまりに大きくて苦しいときは、内面情報にある過去の記憶や思い込みがあまりに強すぎるからなので、それらの解消も必要になります。

事例として「不安」がなかなか解消しなかった受講生は、こんな内面情報を抱えていました。「わたしは愛されない」という思い込み、「わたしはお金とは縁がない」という思い込み、「わたしは人から嫌われる」という思い込み……。これらは、思い込みというより、信じ込みといったほうがいいかもしれないほど、そう信じていらっしゃいました。

ほかにも、「以前、小さな症状から大きな病気になった」という記憶や、「両親がいつもケンカをしていた」という記憶、「いじめにあった」という記憶などもありました。それらも解消していくと、さらに不安を感じなくなっていかれました。

この章では、「逆説人生法則」の3つの柱の中の一つ、「超越思考」を中心に述べていますが、思い込みや記憶といった内面情報の解消については、先に説明していますので、ご確認ください。

まとめ

不安は、消そうとすると消えない。
あって当然と知り（＝受け入れ）、純粋にやりたいことに集中できるようになると自

然と消えている。
それでも、気になるときは、その原因の内面情報を解消する。

4 空虚感や喪失感、孤独の「辛さ」が解消した

「空の巣症候群」という言葉も流行って久しいですが、空虚感や喪失感、孤独に悩んでいる人は多いと思います。もし、そういう悩みを抱えている人が自分の周りにいたら、どう接しますか？　励ましの言葉をかけたり、「楽しいことを増やしましょう」と声をかけたりしますか？　でも、残念ながら、それでは余計に苦しくなります。

辛いときは、無理に明るくしようとするとかえって辛くなりますし、もし、気丈に一時的に明るく乗り切れたとしても、根本が癒されていませんから、ふとした瞬間に、また空虚感や孤独が襲ってきて苦しみが長引きます。

マイナス感情は、無理にプラスに変えようとするのではなく、そのまま、じっくり寄り添ってあげることです。「陰極まれば陽になる」のシクミで、多くの受講生が空虚

感や喪失感、孤独の感情を解消されています。ところが、多くの場合、知らないうちに、マイナス感情の根本解消とは真逆のことばかりやっているのです。

では、マイナス感情の根本解消はどうするかというと、たとえば、自分が、空虚感や孤独に苛まれるときは、無理に明るくしようとせず、その感情を「良い・悪い」を超えたところで、ただ純粋に「あぁ、今、空虚感・孤独感があるんだね。それでいいよ、それでも大丈夫だよ」と受け入れてあげるのです。すると、気づけば勝手に、どうしようもなかった空虚感や孤独感から解放されている自分に気づけたりします。

こうお話しすると、「こんなに辛い感情を受け入れるなんてできません」と言われる方もいらっしゃいます。そのときは、空虚感、喪失感、孤独などと同時に存在している、もう片側の感情の話をしています。

わたしたちが空虚や喪失や孤独などを感じることができるのは、それと同じ大きさで充足を感じていたからでしたよね。くり返しになるので控えますが、スッと思い出せない方は、2章の3の④を読み返してみてください。

マイナスの奥にあるプラスが見えてくると、あんなに嫌っていたマイナスの感情がプラスの感情と溶け合って、プラマイゼロになります。そして、さらに、それ以上の、ゼロ磁場のような大きなエネルギー（愛のエネルギー）さえ心の中に生まれます。

怒鳴る夫が愛おしくなった、プラマイゼロの愛の世界

ゼロ磁場のような愛の世界を体験された、ある主婦の方のお話を紹介します。

その方は、旦那さんが怒鳴ってくるのが、イヤでイヤでたまらない毎日を過ごしていました。怒鳴られるたびに、心の中で「もう離婚よ！　大嫌い！　辛い！　苦しい！」と思ってきたそうです。しかし、超越思考に転換すると、マイナスの奥にあるプラスが瞬時に見えるようになり、どんどん日常が変化していかれました。その後、どうなったと思いますか？

ある日、いつものように旦那さんの怒鳴り声（マイナス）を聞いていたとき、その奥に「こんなに愛してるんだ。こっちを向いてくれ！」という旦那さんの心の叫び（プラス）が聞こえたそうです。あんなにイヤだった怒鳴り声が自然に愛おしく感じられ、その瞬間、旦那さんの怒りの感情も消えて、何事もなかったかのようにおさまったそうです。

この方が逆説人生法則をはじめて知ったころは、内面情報にあるマイナスを解

消することに関心が向かっていましたが、この体験をしてからは、「もう、どんなマイナスも消さなくていい、その奥には愛しかないから」という境地に至られました。

わたしは、これこそが、誰もが求めてやまない真の心の安定と至福の状態なのだと考えています。すでに、逆説人生法則を通して、そんな境地で日々を過ごす人が増えてきていることをとても嬉しく思っています。

まとめ

「マイナスの奥にあるプラスが見えてくると、空虚感や喪失感や孤独の見え方も勝手に変わり、大きな愛の中で生きることができる。

5 「相手の態度が腹立たしい、苦しい、悲しい」が解消した

色んなお悩みを聞いていると、誰かの態度に心乱れている人が、とても多いです。

「ひどいことをされた」「ひどいことを言われた」それらが、常に頭から離れず、腹立たしい、苦しい、悲しいといった感情に、自分の大切な時間や労力を奪われている人が、本当に多いのです。

「誰かに何かをされた」という被害者意識、これはとても厄介です。相手のことが腹立たしいし、憎悪を抱いている自分のこともイヤになったりします。あるいは、憎悪さえできずに恐怖に怯えている人もいますが、それもそれで苦しいですよね。こういう場合、「相手に変わってもらわなければ終わらない」「自分ではどうにも解決しようがない」と思い込んでいるので、本当に苦しいです。

相手に何かを求める、たとえば「ひどいことをしたと認めてほしい、謝ってほしい」と思うと、相手がそうしてくれないかぎり気が済まないですよね。でも、相手に変化を求めても難しい場合が多いですし、もし仮に「認めてよ！　謝ってよ！」と思っていたことが叶ったとして、それで終わると思いますか？

じつは、ビックリ！　なのですが、「謝り方が気に入らない！」とか「認めただけでいいと思ってるの!?」みたいになって、被害者意識は終わることがありません。どんどん増長していき、心から満足する結果になることはほとんどない、というのが実状です。

また、被害者意識は、「自分を被害に遭わせた相手にやり返したい！」と、今度は加害者意識に転じてしまう場合さえあるので大変です。ときどき、「自分は被害者なんだから、加害者には何をしてもいい！」と言わんばかりの攻撃をする人がいますが、それでは今度は相手から恨みを買い、負のループから永遠に抜け出せませんよね。

いかがですか。被害者意識はとっても難物なんです。では、一体どうしたらいいのでしょうか。

そこで、超越思考の出番です。

相手の態度に心乱れるとき、相手が悪いと思いやすいのですが、じつは、そこが違っていたのです。ここで、わかりやすい例として、わたしの大学時代の面白い出来事を取り上げてみます。

「人は見たいように見て思いたいように思う」わかりやすい事例

わたしの大学時代の友達の一人、A子はとても世話好きな女性でした。A子は、めちゃくちゃ気配りをする人間で、それは、見る人によっては、ちょっとウザいレベル（笑）。

あるとき、飲み会の席で、こんなことがありました。大皿から個人のお皿に取り分けるのに、目上の人にさりげなく取り分けてあげるのは礼儀的に素敵なこととしても、気心知れた友人たちにまで、甲斐甲斐しく取り分けてくれているA子がいました。「はい。これ、あなた好きだったわよね！　覚えてるわよー！」「はい、あなたにはこれ、どうぞ♡」……。それをありがたいと思うか、「わたし気が利くでしょー!?」とアピールしていると思うかは、人によって色々です。

事実、A子の行動には、色んな反応がありました。

B子「もう！　腹が立つ！　なんであんなに良い人アピールするんだろう、目障り！」

C子「えー、楽ちんでいいじゃない。やらせておけばー」

D子「A子、すごく気が利くよね。わたしなんて、ほんと気が利かなくて自己嫌悪」

E子「ん？　A子、そんなことしてた？？？」（全く気づいていない）

面白いですよね。同じA子を見ても、感じ方は人それぞれ。そして、さらにすごいのが、人は、見たいように見て、言いたいように言う生き物ですから、それぞれのA子に対する評判が広がっていきました。

B子からは：「A子って本当に目立ちたがり、いい子ぶりっ子！　イヤなやつよ！」

C子からは：「宴会にA子がいると楽よー。宴会要員決定ね！（笑）」

D子からは：「A子ってすごく気が利くのよ。わたしも、あんな風になりたいわ」

E子からは：見てもいないので、何も広がらない

人間って、本当に面白いですよね。わたしは、人間の「どうしようもなさ」と、それを超える「可能性」が大好きです。「どうしようもなさ」とは、俯瞰度が低く、日々起こる出来事や当事者たちを「良い・悪い」という二元思考でジャッジしてしまうことです。「可能性」とは、俯瞰度を上げ、そもそも何が苦しみの元なのかハッキリ原因を特定してそこを超えられることです。

「**人間でありながら、人間を超えた視点から人間を愉しむ！**」これこそが牛まれてきた醍醐味だと思っています。そして、それを可能にするのが、本書で紹介している逆説人生法則です。

A子の話に戻ります。この話を客観的に眺めると、A子に対する反応は、じつは、B子、C子、D子、E子それぞれの中にある内面情報が投影された話なのです。わたしの見るところでは、こんな感じです。

B子：「わたしが注目を浴びたい！　A子よりわたしを見て！」
という承認欲求が強い

C子：自己肯定感が高いので、周りの人が何をしていようと寛容に愉しめる

D子：自分のダメなところを拾って、自己否定気味

E子：とくに何もない

A子をめぐる周囲の反応は直接、被害者意識に関するものではありませんが、くり返しお伝えしてきた「日常は内面情報の投影」ということを確認してもらいたかったのです。なぜなら、被害者意識も同じだからです。

「自分は被害者だ！」と思っても、それはじつは、自分の理想を叶えてくれない怒りだったり、自己否定が強いから過剰に責められたと感じていたり、自分が相手の下に入ってしまうから相手が上からマウントしてきたりしているのです。

これを根本から解消するには、とくに自分の中にある様々な内面情報を解消することが必要です。このことは何より、わたし自身や集ってくださる受講生の皆さんが実践するなかで確認できたことです。

ここでさらに、ある男性の体験をご紹介します。この方は、いつも実の母親や奥さんから責められていると感じていました。

仕事では、完全フルコミッションの営業をしていましたが、全く成約できず、お金に困る日々。ついに妻は家出して、母親との二人暮らしになりました。ときどき電話で話す妻や、同居の母親からは「ダメ人間」扱いされ、小言を言われ続けていました。あるコミュニティーにも所属していましたが、そこでも、色々やってあげるのに周りから全く感謝されず、雑に扱われていると感じていました。

そんな日常を何とか変えたくて、色んな自己啓発を学んだり、成功者の言葉などを取り入れてみたりしましたが、苦しい毎日は変わりそうにありません。でも、「自分は幸せだ」と思い込まないと不幸なことが起こりそうな気がして、エセポジティブで無茶苦茶頑張っている……。そんなとき、逆説人生法則のことを知ったのだそうです。

受講中、「妻や母親に対して、コミュニティーの人たちに対して、また、成約が取れない自分に対して、何て言いたいですか?」とお聞きしていくと、ご自分の内面に「自分への無価値観（自分には価値がないという思い込み）」や「自分へのマイナス評価」「人間って、誰でもこうだ」「お金って、こんなものだ」という情報があることに一つひとつ気づかれていきました。そして、それらを解消していくと、それまで何となく自信なさげに周りの人の下から入っていたのが、普通に対等に接することができる感じに変化されました。

エセポジティブもやめられて、これまで見たくなかったマイナス（本当は、今の仕事が好きじゃなかったというまさかの本音）も受け入れられるようになったのです。

すると、その変化に呼応するかのように、ご家族との関係や仕事のことも変化していきました。自然に、妻や母親に毅然とした態度で会話ができるようになり、小言も言われなくなりました。コミュニティーでも、感謝の言葉をかけられることが増え、自分が尊重されていると感じられるようになりました。

仕事についても、思ってもみなかったオファーが舞い込んできて転職し、ご本人曰く天職に就くことができたそうです。「今では、朝から『今日も仕事だー♡（嬉）』とうれしく目覚めるんです。まるで天国に住民票を移したように毎日が楽しいです！」
と感謝のお便りもいただきました。

まとめ

「相手の態度が腹立たしい、苦しい、悲しい」ときは、相手が悪いのではなく、自分の内面情報が投影されている。
そのことをハッキリと知り、原因になっている内面情報を解消しながら、「被害者・加害者」「善・悪」という二元思考を超えた「超越思考」に転換する。すると、勝手に自分も相手も変わる。

※ただし、子どものころから親にひどい仕打ちを受けてきて、それがトラウマになっている場合などは、少し角度が違ってきます。その場合、非常にデリケートな内容になるため、直接面談などでお話しさせていただければと思います。

4章

「真のしあわせ人生」が手に入る5つの軸

ここまでモヤ・イラ人生をスッキリさせる方法をお伝えしてきましたが、その先で手に入れたいのは、「成幸（真のしあわせ人生）」です。この章では、そのために必要な5つの軸についてお伝えします。

1 全受容

不幸の原因って、じつはシンプルです。これができないから、不幸なのです。すでに折りに触れお話ししてきましたので、もう、おわかりかもしれませんね。そう、「不幸の原因はただ一つ。受け入れられないこと」です。だって、どんな人も、どんな自分も、どんな出来事も、受け入れられたら、それは不幸ではないと思いませんか。

日常のすべてを受容できたらモヤ・イラ人生、不幸人生から脱出できるのですが、それができなくて、いえ、さらさら受容したくなくて苦しんでいる人が本当に多いのです。でも、自然とすべてを受け入れられてしまう方法があったら知りたいと思いませんか？　じつは、その方法がこれです。**「相手にも自分にも事情がある」と知る。**

たとえば、挨拶したのに返してくれなかった相手に腹が立ったとしましょう。そのとき、「あぁ、あの人にも何か事情があったのかな」と思えたらどうでしょうか。何か仕事のことで気持ちがいっぱい、いっぱいで、思い詰めていたのかもしれませんし、朝から家族とケンカしてイライラしていたのかもしれません。あるいは、自分がミスをしてモヤモヤしているとしましょう。そのとき、「あぁ、仕事量が膨大で無理がきていたのかもしれない」とか「プライベートで気になることがあって、ついボーッとしてしまったのかもしれない」と思えたらどうでしょうか。

何かあったとき、相手にも自分にも、その裏には必ず事情があるものです。思いやりがないと感じてもその人には、家庭環境が複雑で愛を知らずに育ったため愛ある態度で接することができないという事情があるかもしれませんよね。**相手にも自分にも事情がある、このことを知るだけでも受け入れやすくなり互いの関係に調和が生まれます。**

さらに、先述しましたが、何かマイナス的なことが起こっても、必ずそこにはプラス的なことが同時に包含されています。これもまた、知っていると、マイナス的なことも受け入れやすくなり、事態もプラマイゼロの最適な結果に落ち着くとか、そのマイナスな出来事があったからこそ絆が深まったなど、**プラマイゼロでゼロになる以上の、ゼロ磁場のような愛のエネルギー**がみんなの心に生まれることもあるでしょう。

受講生の体験「あり得ないことが起こりました！」

Mさんは、職場でシステム部の管理者をしていました。そこで、ある日、重大なミスが起こってしまいました。

これまでだったら、そんなときは「その事件が受け入れられず、なんとかしよう」と、アタフタと原因の追求や必要な対応など、頭で考えつくかぎりの、ありとあらゆる施策に奔走していたそうです。

しかし、逆説人生法則を学んだMさんは、いつもとは真逆の行動をとりました（というか、勝手に、真逆の行動になっていたそうです）。そう、起こっている出来事すべてを受け入れたのです。

「これは、問題ではない。何か、自分の内面情報が投影されていて、それを見つけて解消すれば、自分の人生の根本解決になるだけだ。それに、こういうマイナスの事件には、必ずプラスの要素もセットになっている。大丈夫！」と、なぜか動じないで、その場を冷静に受け入れました。そして、その場で何を感じるのか、自分の内面に静かに向かえたのだそうです。

すると、普段見えない、色んなことが見えてきました。「ミスを追求して、Mさんをおとしめようとしてくる人」、それとは逆で「Mさんを助けようとしてくれる人」、「自分の責任を回避することに必死な人」、「無関心な人」……。自分が、目の前の事件を受け入れ、なんともしようとしないことで、その職場の人たちの色んな構図が見えたそうです。

そして、その人たちに反応する自分の内面情報を発見し、ひたすら解消していくと、事態が勝手に収束していきました。

手始めは「そもそもMさんに、業務が集中し過ぎていたのではないか?!」という話になり、Mさんの業務量の見直しが起こりました。そして、「システム自体も新しくする必要があるよね」と予算がついて、新しいシステムまで導入されたのです。

さらに、Mさんをおとしめてきた同僚は配置転換になり、応援してくれた人たちとの絆は深まり、以前の職場より格段に働きやすくなったそうです。

Mさんは、わたしの目の前にキョトンとして現れて、「あり得ないことが起こりました!」と、この話をしてくれました。なんとかしようと奔走していたときには、決して起こらなかった、見事な着地が最速最短で起こったそうです。

2 全信頼

うまくいかない〝誰か〟や〝何か〟を心配するのは、美しい愛だと思っている人が多いと思います。でも、心配していると、心は重く、暗くなります。ストレスが高じると、体の不調をきたすこともありますよね。

そして、心配された側もどうでしょうか。そこに愛を感じるというより「心配をかけている自分」を責めて落ち込んだり、「自分は心配をかけるダメな存在なんだ」と思い込んだりするかもしれませんね（実際に、自己否定に悩んで相談に来られる方たちは、ほぼ皆さん、親から過度に心配された経験の持ち主です）。

心配をするのは、じつは美しい愛とは真逆で、百害あって一理なしだったのです。本当の愛は、心配より信頼することを優先するのです。

こうお伝えすると、「そうは言っても、今の状況が心配になるのは当然で、このまま信頼なんて、とてもできないですよ」と言われることがたびたびありますが、そこが逆なのです。たとえば、わが子や大切な人が人生でつまずかないか、あれこれ心配して先回りし、助言や手助けをする人は少なくありませんが、これをやっていると、自分も大変だし、相手も窮屈です。

人は、人生につまずいて初めて、起き上がり方を覚えられます。挫折によって、人の痛みがわかるようになったり、人間としてより深く成長できたりします。たとえば、子どものこと（子ども以外でも、大切に思っている人）が大変そうに見えて心配になったときは、「これでこの子は（この人は）、何か学びや成長を得ているかもしれない、この状況だからこそ、伸びる伸びしろがある」と知ってください。

わたしの体験　子どもは失敗のたびに成長している

子どもが、小学3年生のころ、寝坊して、泣きながら登校した日がありました。そんなときは、子どもを叱ったり、起こせなかった自分を責めたり、慌てて車で学校まで送ったりと、その出来事を受け入れられず、なんとかしようとイライラする人も多いと思います。ですが、わたしは「起こったことはすべて最適！」が板についていますので、そのときも、「大丈夫！　いってらっしゃい！」と、淡々とその子を送り出しました。

彼は、泣きながら走って学校に行きましたが、わたしは、その後すぐ、取りかかった志事に没頭し、スッカリ、その遅刻事件のことは忘れていました。

夕方になって、「ただいまー」と元気な声がしました。彼は、いつものようにランドセルを玄関に放り投げて、「いってきまーす」と遊びに行こうとしたのです。そこで、「あっ」と思い出したわたしは、こう聞きました。

「ちょっと待って。今日どうだった？」。すると、「何がー？」と彼もスッカリ今朝の寝坊事件は忘れていたのです。「だって、今朝、遅刻したでしょ?!」と言うと、「あ、そうだった！　全然大丈夫だったー！」と言いながら、また家を飛び出していったのです。

なんと、たくましいことでしょう（笑）。多分、この子はこのとき、「たいていのことは大丈夫！」だと体得したのだと思います。

小さいときの失敗は、小さいものです。そのときどきに、「それで何かを学んでいる。だから大丈夫！」という視点があれば、子どもは必要なことを会得できるのだと思います。今や高校生になった彼は、バレー部でキャプテンを任され、なにか問題が起こっても、みんなで愉しく乗り越えながら高校生活を謳歌しているようです。

3 本当の自己愛

わたしは、様々な学びの現場で、「望む未来を手に入れるためには、自分を愛することだ」と学んで、「自分を愛そう」とする人をたくさん見てきました。しかし、自分が願う結果を得るために自分を愛そうとしても、二元思考の不純なエネルギーでやっているので、うまくいきません。

そもそも、「自分を愛する」って、具体的にどうすることだと思いますか？　自分にご褒美を与えたり、自分を褒めたりすることだと思いますか？　いいえ、ありのままの自分を受け入れないまま、結果を得るために自分を褒めても、それは本当の自己愛ではありません。なかには、それでも無理やり褒め続ける人もいるのですが、これは不自然なので、いつか自分が自分に爆発して、「こんなに褒めているのに、全然思う結果が手に入らないじゃない！」と、自分を責めてしまうことになる人も多いのです。

では、本当の「自分を愛する」とはどうすることでしょうか？　これも、ズバリ結論から言いますね。それは、どんな自分のことも、認め、受け入れ、許し、愛し、守ることです。わかりやすく言えば、こんな流れになります。

・**なにかに心が反応したとき、自分に、なにか内面情報（理想、恐れ、思い込み、体験、感情、記憶など）があるんだと認める。たとえば、「そうだよね。厳しい親に叱られて育ったので、人から何か言われると怖いよね。否定されているって感じるよね」といったように、どんな自分も、そのまま認めて受け入れます。**

・**さらに、「それでいいよ、自分にも事情があるから仕方がないよ」と、その自分を許します。**

・**そして、その自分に「それでいいよ、それでも大丈夫だよ。他の誰がわかってくれなくても、わたしがわたしをわかってあげるからね。よく健気に頑張ってるよね。大好きだよ」と言ってあげたりして、自分が、その自分を心から愛します。**

・**最後に、「誰が何と言っても、わたしがわたしの味方だからね！」と、自分で自分を守ってあげるのです。**

なにか心が波立ったときは、この流れを参考にして自分と向き合って過ごしていくと、本当の自己愛に包まれて生きることができますよ。

受講生の体験

ありのまま自然体で会話しはじめたら、夫が変わった

Tさんは、夫の暴君ぶりにうんざりしていました。「なんで、あんなに偉そうに、ものが言えるの？」と、ことあるごとに怒り心頭で、離婚の文字も浮かんでいたそうです。

しかし、逆説人生法則を知ってからは、夫の暴君ぶりの原因が、じつは自分が無意識にとってきた行動にあったと気づいていかれました。穏やかでいてほしくて、いつも、夫に下手に出ていたことや、家庭内を穏やかにしておきたくて、いつも、自分の意見があっても飲み込んでいたことなどに気づいていかれたのです。

それからは、その「穏やかがいい」という内面情報などを解消しつつ、先に紹介した流れで、自分と向き合っていかれると、Tさんは自然と本当の自己愛に包まれるようになりました。それにつれて、夫とも、ありのままの自分で自然に会話ができるようになり、その流れのなかで、いつしか夫の暴君ぶりは消え、気がつけば、優しい夫に変わっていたそうです。

Tさんは、「夫を気にする人生」から「自分で自分を幸せにする人生」に切り替えただけです。それだけで、それまでとは真逆の、うれしい夫婦関係を手にしたので

す。夫（外面）に働きかけていたときには叶わなかった夫婦仲が、自分の内面を解消し本当の自己愛を実践したら、自然に叶っていた……。

今では、起業など自己実現に向かっているTさんのことを、心から応援してくれる良き夫になっていらっしゃるそうです。まさに、逆説！　ですよね。

4 本当の自信

よく、「自信がない」とおっしゃる方がいますが、これにも二元思考が作用しています。二元思考をしているかぎり、自信のある自分も、自信のない自分も、どちらであっても幸せを感じられないことは、先にお伝えしましたが、ここでは本当の自信について考えてみましょう。

「自信がない」のは、もちろん自己否定につながりますし、可能性を狭めてしまうので辛いですよね。では、「自信がある」のがいいかというと、必ずしもそうではありません。自信があると、過信してしまって思わぬ失敗をすることもありますし、自信満々な人って、一歩まちがうと煙たい存在にもなりかねませんよね。

要は、二元思考の中で自信の有無を考えても意味がないのです。そこで、二元思考を超えた超越思考で見えてくる「本当の自信」についてお伝えしたいと思います。

結論からいえば、**「本当の自信」とは「どんなときも、自分を信じてあげること」です。**シンプルにいえば、「自分がそうしたい」と感じるのなら、その自分をそのまま信じてあげることです。もし、自分にはできない、自分を信じられないと思うのだったら、「失敗への怖れ」や「自分への疑い」などの内面情報が影響しているので、それを解消すれば大丈夫です！

わたしも長い間、自信がなくて自分をニセ者扱いして、いつか本物になりたいと必死に頑張っていました。でも、「本当の自信（ただ、そのときどきの自分を信じる）」を手に入れたら、二元思考での自信の有無は全く問題でなくなり、すべてが可能性にあふれていると感じる人生に、自然に切り替わってしまいました。

わたしの元に訪れる方たちも、そうなっていかれるのを見て、これこそ「本当の自信」だと確認できました。

わたしの体験　恐怖を超えるために必要だったのは本当の自信

ここで、また、わたしの子どものことをお話しします。

わが子がある日、「東京の一番難しい理系の高校に行きたい」と言い出しました。当時、ごく普通に田舎の公立中学に通っていたのに、青天の霹靂でした。そのとき、とっさにわたしの口から出た言葉は、「大学からならわかるけど、高校までは九州でもいいんじゃない?」でした（笑）。でも、口とは裏腹に、ハートの奥では「これは応援することなんだろうな。応援したいよね」と感じていたのを覚えています。

そのごとく、まずは合格しないことには始まらないし、「悩むのは、そこからでもいいよね」と考え、勉強のやり方を教えるのが上手な知人に、オンラインで家庭教師をお願いしたり、推薦枠がないか調べたり、結果はさておき、思い浮かぶことを淡々とやっていきました。そうしていると、努力家の息子は、なんと本当に合格してしまったのです。そこから、わたしの葛藤がはじまりました。

わたしは、日ごろから「状況がこうだから我慢する」とか「今、無いから節約する」という思考ではなくて、「今、この状況だけど、そうしたいなら、どうやって、その道をつくるか?」と思考するようにしています。わが子の東京進学を、もう叶えたいのだから、「じゃあ、どう、その道をつくるか……」。考えることはそれだけなのですが、そのために必要なことを、自分が実際にできるかというと、簡単なことではありませんでした。

大学生用ではあるけれど、高校生も受け入れ可能な学生用ワンルームマンションに住まわせるか、県人会の寮などに住めるか、はたまた家族で上京するか……。調べに調べ、悩みに悩んだ末、わたしも下の子も全員で上京する決断をしました。それは、わたしのハートが、そうしたかったから……。すでにお伝えした「頭よりハート」に従ったのです。

とはいっても、わたしも生身の人間です。「東京で、高い家賃を払って、生活していけるの？　大丈夫なの？」という漠然とした怖れは、日に日に大きくなっていきました。そして、それが上京後、ついにウツ症状として現れました。子どもたちの前では気丈に、さも何もないように振る舞うのですが、一人になると恐怖に包まれて、何も手につかない。夜も眠れない。ただただ無駄に時間を潰すだけの、情けない日々が一年ほど続きました。

しかし、ある日、もう、怖いなんて言っていられないくらい、本当に怖い局面がやってきました。そう、預金通帳の数字が、既にギリギリだったことに気づいたのです（笑）。そこから、わたしの起死回生がはじまりました。自分のハートに従って行動するだけでは片手落ちで、さらにその恐怖を超えて、先に進むために必要だとわかったのが、先に述べた「本当の自信」でした。

このとき、これを手にしたからこそ、それ以降もそのときどきの自分を信じ、閃いたことを信じて前に進むことができました。振り返ると、ものすごい大冒険でした。そこから8年経っていますが、あのとき、あのまま進んで本当に良かったなと思っています。

5 マイナス感情の本当の扱い方

マイナスの感情を嫌う人は多いでしょう。マイナスの感情が湧くと、たいていは、それを消したくて、どうしたら消せるのだろうと悩みます。でも、それでは消せません。そう、「追えば逃げる、逃げれば追われる」のとおり、消そう、消そうでは消えないのです。

すでにお伝えしたように、消そうとするのは、マイナスの感情を問題だと思っているからでしたね。だから、それが問題として現実に投影され続けます。では、どうすればいいのでしょうか。

セミナージプシーをして、最後にわたしの所にたどり着いた方たちが、それまで学んできたことを教えてくれることがあります。それは、根本解消とは真逆の場合が多くて、切なくなることが多いのも事実です。

たとえば、「インナーチャイルドの癒し」などで、幼少期の辛かった思いを解消するために、「お母さんのバカー！　わたし、寂しかったんだからー！」などと叫んで解消する方法をすすめられたりするようですが、それではかえって、傷が深くなってしまうこともあります。

たしかに、今ある感情を感じきるとスッキリ解消される場合がありますが、大切なのは、そのときの視点です。マイナス感情に飲み込まれたまま、マイナス感情そのものを感じきろうとすると、ほとんどの場合、マイナス感情が余計に大きくなり、状況が悪化します。

そうではなくて、「『そう感じている自分』を見ている自分」の視点から感じてあげることが重要なのです。「そうだよね。寂しかったよね。うんうん、辛かったね。思い切り感じていいよ、大丈夫だよ」という視点がなければ、ただの恨みエネルギーの増幅で終わってしまうので要注意です。

わたしの体験　どんなマイナス的な出来事でも必ず成長につながる

わたしも人間ですから、様々な実体験をするのですが、わが子に関する出来事で、どうしても当事者の人物に対する怒りがおさまらず、「はらわたが煮えくりかえるって、こういうことか！」というくらいの壮絶なマイナス感情を体験したことがありました。

そのとき、その人物に対する怒りに飲み込まれたままで、その感情を感じきっていたら、永遠にそれは消えなかったと思います。世の中でも、「自分は被害者だ、相手は加害者だ」と訴訟し合っている人がいますが、たとえ訴訟で勝利しても、心からスッキリされている方は、ほとんどいないですよね。

マイナス感情がスッキリ、クリアになるのには、じつは視点が大切なのです。そのときのわたしは、「**『マイナス感情を感じている自分』を見ている自分**」から、「そうだよね。怒りが湧くよね。大切なわが子に、そんなことされたら、怒りが湧いて当然だよ。いいよ、思い切り怒っていいよ」と語りかけるスタンスで感じきったのです。すると、本当にストンと勝手にスッキリして完全にこの感情が消え去ったのです。そこでわたしは、これが本当のマイナス感情の扱い方だと確認しました。

この事件で、わたしは、壮絶な怒りを2週間でスッキリ終わらせることができたのです。普通ならPTSDになっていてもおかしくないくらいの出来事だったので、近くでわたしたちを見ていた人からは、「ありえないです！」と口々に言っていただきました。そうです、強烈なストレスで、わたしたちは傷害を受けるのではなく、成長できたのです。

＊PTSD（Post Traumatic Stress Disorder）とは、生死に関わるような体験や強い衝撃を受けた後に生じる精神疾患で、心的外傷後ストレス障害と呼ばれています。

わたしだけでなく、出会ってくださる方々が、この方法でマイナス感情と向き合うことで、人生を劇的に好転させていかれています。この方法で扱えば、どんなマイナス感情が出てきても、その害を受けるのではなく、必ず成長につながり、モヤ・イラ人生を解消することができるのです。

5章

逆引き辞書「こんなときはどうする?」解決・対処法

これまで、わたしにお寄せいただいた要望の中に、「日常で何か起こったとき、具体的に参考にできる手引書がほしい」という声がありました。そこで、本章では日常で起こりがちなシーン別に、どのように「逆説人生法則」を活用したらいいのかをお伝えします。

もし、ここに当てはまるシーンがなかったとしても、基本的なシクミは同じですから、似ている項目を参考に上手に活用してください。

また、以下の1~13すべてのシーンにおいて感情がおさまらないときは、4章の「マイナス感情の本当の扱い方」も参考にしてください。そのうえで、ここに書いてあるステップを実践されてもなお、スッキリしないときは、かなり根深い内面情報がありますので、その解消に取り組むことが必要です。

1 ケンカしてしまったとき

ステップ1

「ケンカは、悪いことではない」と思い出しましょう。お互いに本音をぶつけ合えているということでもあるからです。

そもそも、信頼関係がないと、本当にはケンカってできません。先に述べましたが、「この人に何か言ったら、どういう目に遭わされるかわからない」という恐怖心や不信感があれば、本音をぶつけることってできませんよね。

だから、ケンカしたとしても、ケンカできるくらい相手との間に、まさかの信頼関係があったと知りましょう。

ステップ2

「相手が悪い」というジャッジをやめて、ただ相手の本音（＝心の叫び）を受け取りましょう。「あぁ、この人、そう思っていたんだな。これがイヤだったんだな」みたいに。

ステップ3

同じく、「自分が正しい」というジャッジをやめて、ただ自分の本音（心の叫び）も受け取りましょう。「あぁ、そう思っていたんだな。これがイヤだったんだな」みたいに。

ステップ4

お互いの背景が違うことを思い出し、今、思っていることは「お互いに、それでいい」と思い出しましょう。育った境遇、これまでの背景、今の立場など、全く違う者同士なのですから、「あなたはそう思うのね。わたしはこう思うのよ。それでいいよね」と、ノージャッジで受け取ったら、あとは流れにお任せ。自然と自分や相手の機嫌が治っていたりして……、ケンカは勝手に収束していきますよ。

2 どうしようもなく切ないとき

ステップ1

「切なさは、嫌わなくていい」と思い出しましょう。相手や出来事を切なく思うのは、その相手や出来事に、ものすごく愛着を持っているからです。

そもそも、どうでもいい人や、どうでもいいことに心が振り回されることはないですよね。まず、その人や、そのことが「とても好きだったんだ」と知りましょう。

ステップ❷
それから、その「切なさ」と「とても好きな想い」の両方を一緒に、思い切り抱きしめてみましょう。こんなに心乱れるほど大切に思っていること、そんな出逢いがあった喜びを味わってみましょう。
すると勝手に、その切なさも愛おしくなり、苦しみから脱出していますよ！

3 相手と意見が合わないとき

ステップ❶
「意見が合わないのは当然」と思い出しましょう。だって、育った境遇、これまでの背景、今の立場など、全く違う者同士なのですから、そもそも、意見は違って当然だからです。

ステップ❷
「良い・悪い」「正しい・まちがっている」を超えて、相手の意見をそのまま受け取りましょう。「あぁ、あなたの立場なら、そう思うのね」と。

ステップ3

「良い・悪い」「正しい・まちがっている」を超えて、自分の意見もそのまま受け取りましょう。「あぁ、わたしの立場なら、そう思うよね」と。

ノージャッジでお互いの意見を受け取ったら、あとは流れにお任せ。なにかベストな閃きがきたり、自然と最適な結果に着地したり……、事態は勝手に収束していきますよ。

4 誰かのことが心配でたまらないとき

ステップ1

「心配は、ダメなものではない」と思い出しましょう。心配になるのは、その相手や、その出来事などがとても大切だからです。どうでもいい人や、どうでもいいことは、心配になってもすぐ忘れてしまうものです。

心配でたまらなくなるのは、その相手や出来事がとても大切だからだと知りましょう。

ステップ2

それから、その「心配」と「とても大切に想っている想い」の両方を一緒に、思い切り抱きしめてみましょう。そして、こんなに心配でたまらないほど大切な人、大切なことだったんだという感動をヒタヒタと味わってみましょう。

すると勝手に、その心配が愛おしくなり、苦しみがフワッと軽くなります。

ステップ3

そこから、どうだったら安心できるのか、どうなると思って心配なのか？　理想や怖れを書き出して解消しましょう。

大丈夫と思おうとするのはNG！

セミナージプシーをしてきた人は、心配すると心配な出来事が起こるから「大丈夫と思おう」としたり、「心配しないようにしよう」としたり、「心配をないもの」として抑圧したりするケースが多いのですが、それでは残念ながら、心配は終わりません。

アプローチが逆なのです。心配は「消そう」としても消えない、逆に「あっていい」と受け入れることで、自然に終わるのです（なぜ、心配が「あっていいのか」、その理由は、ステップ1で書いたとおりです）。

そもそも、「あるものを、無いものにして」も、実際は「ある」のですから、根本的には解消しません。また、大丈夫と思おうとするのも、そう思えないから思おうとするのでしたね。これは3章の3で述べていますので参考にしてください。

これまで、どんなに色んな実践をしても心配が終わらなかったという人でも、それはアプローチが逆だったからです。心配が絶えないあなたが悪いのではないので、安心してくださいね。

5 怒りがおさまらないとき

ステップ1

「怒りは、悪いものではない」と思い出しましょう。怒りが湧くのは、何かを大切に思っていたり、「こうあるべき」という内面情報が反応しているだけだからです。

たとえば、自分を粗末にした相手に怒りが収まらないとしたら、その怒りと同じ大きさで、自分のことを大切に思っていたり、過去に粗末にされた体験などから受けた傷が反応していたりするだけなのです。

まずは、「何か自分にも事情があるんだね。この怒りあってもいいよ。大丈夫だよ」と、怒りを嫌わずに受け入れます。

ステップ2

そして、自分のことをそれぐらい「大切に思っていたんだね」とか、「なにか傷があるのに、健気によくやっているね」と、先に述べた「本当の自己愛」を実践してみましょう。

ステップ3

それでも、感情がおさまらないときは、自分や他の誰かを粗末にしていないか、過去に粗末に扱われた相手への怒りなどが残っていないか、「逆説人生法則」の3つの柱を実践して、その原因情報を癒しましょう。わたしも、応援します！

6 嫉妬が止まらないとき

ステップ1

「嫉妬している自分を嫌わなくていい」と思い出してください。嫉妬して、いいですよ。嫉妬するあなたにも、何か事情があるのです。

たとえば、「わたしは愛されない」とか「わたしは認めてもらえない」という内面情報があると、「愛されている人」「認められている人」を見たとき、心が反応するのです。そんなときは、まず、そのままの自分を自分が受け入れてあげましょう。「そっか、嫉妬しているんだね。うんうん。何か事情があるんだよ。嫉妬していいよ。それでも大丈夫だよ」と！ それだけで随分楽になりますよ。

ステップ2

そして、次の3つのことを知ると、嫉妬が新しい自分創造につながっていきます。

⑴「自分は、自分のピースでいい」と知る

わたしたちは、一人ひとりジグソーパズルのピースのようなものです。自分のデコ

とボコをそのまま認め、ゆるし、受け入れ、愛すると、周りからもそのままのあなたで愛されはじめます。そうしていたら、いつしか、パズル全体の一つのピースとして輝いている自分に出会えますよ。そのままの自分を愛していたら、あなたの凹にピッタリ合う凸の人がいて、新たなドラマが生まれるのです。

(2)「相手の凄さは、じつは自分にある」と知る

もし、本当におバカさんだったら、相手の賢さはわかりません。相手の賢さがわかるのは、あなたも賢いからです。嫉妬しそうになったら、「わたしの賢さを教えてくれてありがとう」と、心の中でつぶやいてみましょう。これは、賢さだけでなく、優しさ、純真さ、美しさ（外見も内面の魅力の表れです）など、すべてに通じるシクミです。

(3)「嫉妬は、自分&現状からの逃避」と知る

「あの人いいなぁ！」「あんなふうになりたい！」「でも、自分なんて」と思うとしたら、それは、自分や現状からの逃避です。それでは、いつまで経っても人生は変わりません。

いいですか?! 嫉妬する相手に感じる凄さは、自分の中にもあるのです。だから、そ

れを自分にもあると受け取ったあと、もっと自分自身を認め、受け入れ、ゆるし、愛し、守ってあげましょうよ。**パズル全体を完成するために、デコボコにしているワンピースである自分**から逃げずに。

これらのことがわかると、嫉妬が新しい自分創造につながっている予感がしてきますよ。

7 自己否定が終わらないとき

ステップ1

「まず、自己否定している自分を嫌わない」と思い出しましょう。自分を否定しているのは、何か事情があるんです。たとえば、「もっとこんな自分だったら、愛されるのに」とか、「この歳だったら、このくらいにはなっていないといけないのに」とか、そういう「愛される条件」とか「理想」などが内面情報としてあって、それが反応しているのです。

ですから、まずは、「そっか、自分を否定しているんだね。うんうん。何か事情があるんだよ。自己否定していいよ。それでも大丈夫だよ」と受け入れてみましょう。それだけで、「自己否定している自分」への否定が、一つホッと緩みます。

ステップ❷

次に、なぜそんなに自己否定するのか知りましょう。

たとえば、誰かを憎んで否定している場合、それはその人のことを愛したからです。どうでもいい人のことは、あまり憎んだり否定したりできませんよね。自己否定も同じです。自分のことを愛しているから、否定や憎悪ができるのです。そして、自分に幸せになってほしいから、そうなっていない自分を否定しているのです。

これを知って、「自己否定」だけを見るのではなく、もう片側にある「とても自分を愛している想い」「自分に幸せになってほしい想い」も見て、両方を一緒に、思い切り抱きしめてみましょう。こんなに自己否定しまくるくらい自分を愛していること、自分を幸せにしたくてたまらないからこそ、そうでない今を否定しまくっていること、そんなことに気づくと感動しますよね。それをしっかり味わってみてください。

すると、自己否定している自分が勝手に愛おしくなり、気づけば苦しみから脱出していますよ。

8 自分の価値がわからなくなったとき

ステップ❶

自分に全く価値がないように感じて苦しいときは、まず、その無価値観を認めて、受け入れてあげましょう。「あっていいよ、大丈夫だよ」って。

ステップ❷

次に、「条件付きの価値は、幻想」であると知りましょう。「何かの条件を達成しているから価値があるとか無いとか」……、それは、条件付きの価値です。

たとえば、「お金を持っているから価値がある」、「キレイだ（カッコいい）から価値がある」、「○○の資格を持っているから価値がある」……などと、条件に価値をつけるのは幻想です。

なぜなら、お金をいくら持っていたら凄いのか（価値があるのか）、その基準は人それぞれです。一千万円ですごいと思える人もいれば、一億でもすごいと思えない人もいます。あるいは、人間力に重きを置く人なら、今のお金の有無そのものに価値を置かないでしょう。

キレイとかカッコいいと感じる尺度も、人それぞれです。誰かが「あの人キレイ（カッコいい）」と言っていても、「自分はそこまで思わないけどなぁ……」って、ありますよね。あなたの外見も、感じ方は人それぞれ。しかも、外見って、じつは内面の投影なのです。たとえば、デブキャラや面白い顔などで人気のある芸能人っていますよね。彼・彼女らは、自分のそのキャラを武器にさえできています。

それは、外見自体が良いとか悪いのではなくて、その外見を、自分がどう捉え、どう扱っているのかで、周りからの扱いも違ってくるからです。

わたしの受講生の中に、「愛されぽっちゃりさん」がいました。彼女は、ぽっちゃり（やや太め）の自分のことも嫌わずに認め、ゆるし、受け入れ、愛し、楽しんでいました。その内面が、外面にも魅力となってあふれていました。

要は、「キレイだから、カッコいいから」などに価値を置いても、それは、自分の勝手な尺度であり、幻想なのです。あるいは、何かの資格を持っているとか持っていないといったことにも、あまり価値はありません。資格だけ持っていても、実際に、それを活かして新しい価値を提供できるスキルや人間力などがなければ、その資格は絵に描いた餅のようなものですよね。

資格の有無を重要視する社会の目はあるかもしれませんが、実際に信頼されて、やりがいのある仕事をしたり、周りから認められたりするには、資格よりも人間力です。もう、条件で自分の価値を決めるのは終わりにしませんか。

ステップ3

次は、「無条件の価値」を知ることです。

突然ですが、わたしたちが生まれてきた目的を知っていますか？　それには、色んな考えがあると思いますが、わたしが、これなんじゃないかなとたどり着いている考えがあります。それは、「人生において様々な体験をして、色んな感情を味わいながら、自分の魂を成長させること」という考えです。

世の中には真実探しをする人もいますが、じつは、真実って、ありません。なぜなら、その人が「そうだ！」と信じたものは、たとえ嘘でも真実になるからです。

ときどき、いますよね。こちらは、全くそんなこと思ってもないのに、「いいや、あなたは、わたしのことを悪者扱いした！　絶対に、わたしはあなたを許さない！」みたいに言ってくる人。これは、「その人が、そう思ったら、こちらがそうでなくても、その人にとっては、それが真実になる」という事実です。であれば、**自分が何を信じるのか、**が大切になってくると思いませんか。

わたしは、生まれてきた目的を「人生において様々な体験をして、色んな感情を味わいながら、自分の魂を成長させること」と捉えてから、人生がとても豊かになりました。この考えを採用してくださるなら、あなたが今、どんな状態で、何を感じていようとも、既にすごく価値があります。なぜなら、それだけで、生まれてきた目的を既に達成しているからです。

さぁ、これからは、どんな自分でも、いつも既に生まれてきた目的を達成し続けていることを思い出し、無条件の価値で生きてみませんか。

9 愛されなくて辛いとき

ステップ1

「愛されない辛さ」を嫌わず、まずは、それを認め、受け入れてみましょう。辛すぎて無いものにしようとしても、くすぶるだけです。外に出かけたり、買い物したり、と何かで紛らわすのではなく、ただ、そういう辛さが自分の中にあることを「うんうん。その辛さ、あっていいよ。この状況なら、そう感じて辛いよね。他の誰がわかってくれなくても、わたしがその辛さ、わかってあげるからね。それでいいよ。それでも大丈夫だよ」と、自分でその感情を認め、受け入れてみます。

ステップ2

次に、そんなに「愛されなくて辛い」のは、なぜなのか、知りましょう。じつは、外側の〝誰か〟や〝何か〟に愛されないことが辛いとしたら、それは「自分の幸せを他者に依存している」からです。それはじつは、他人軸で生きていることで、いつまで経っても幸せを感じることはできません。

「わたしを愛して！」「俺を愛せ！」と求めてくる相手（言わなくても、そう思っている行動をしてくる相手）って、そうされる側からすると窮屈です。逃げ出したくなりますよね。そんな他者への依存は、「追えば逃げる、逃げれば追われる」というループに入って、愛し愛されるのとは真逆の方向に向かってしまいます。

ステップ3

外側の〝誰か〟や〝何か〟に求める（愛されようとする）のをやめましょう。そうされる側は、ブラインドを指で開いて「わたしを愛して」「こっちを見て」と、いつも隙間から覗かれているようで怖いですよね（笑）。でも、誰でも無自覚に、そんな意識を相手に向けていたりするから要注意なのです。

イライラしている人がいると、こちらまでイライラしてくるように、内面意識は、目に見えないけれど、勝手に周りに投影され広がっていきます。だから、これまでと逆をやるのです。愛されたい自分を受け入れ、その自分を自分で思い切り愛してあげるのです（自分を愛するとはどういうことなのか、4章の3「本当の自己愛」も参考にしてくださいね）。

すると、「逆説人生法則」が作用し、気づけば勝手に周りから愛されている自分になっていますよ。

10 寂しくてしかたないとき

ステップ1

寂しくてたまらない、そんなときってありますよね。でも、大丈夫！　まずは、その寂しさを嫌わずに、それが自分の中にあることを認め、受け入れましょう。

確かにあるのに、無いことにしてもモヤモヤするだけですよ。外に出かけたり、買い物したりすることで紛らわすのでもなく、ただ「寂しさがあるね、うんうん。その寂しさ、あっていいよ。他の誰がわかってくれなくても、わたしがその寂しさ、わかってあげるからね。寂しくていいよ。それでも大丈夫だよ」と、その感情を認め、受け入れてみてください。

ステップ2

次は、そんなに「寂しい」のはなぜなのかを知りましょう。

もし、一人ぼっちだと感じて寂しいのを外側の〝誰か〟や〝何か〟で埋めようとしているなら、それは自分の充足感を他者に依存していることになります。それでは、他人軸で生きていることになり、本当の幸せを感じることはできません。たとえば、寂しさを誰かで埋めようと友人や恋人に度を越して連絡をしたり、依存したりしてしまうと、かえって遠のかれてしまうこともありますよね。そんなふうに他人軸で生きていると、もっと寂しさが膨らんでしまうこともあるから要注意です。

そして、思い出しましょう。そもそも、寂しさを感じられるのは、これまでに充足感を味わったことがあるからでしたよね（3章を読み返して確認してもいいですよ）。

ですから、いま感じているその寂しさと同じくらい、大きく満たされていた充足感があったことを思い出し、両方を一緒に抱きしめてあげましょう。その寂しさが、とても愛おしいものに変わるはずです。

ステップ3

寂しいときは、自分が自分のお守りをしましょう。小さな子どもは、大人がお守りをしますが、大人になっているのなら、自分が自分のお守りをしてあげるといいですよ。

わたしも、いつも、自分に話しかけてあげて、優しくしてあげて、何をしたいか聞いてあげて、それを叶えてあげて、いつもどんな自分にもヨシヨシしてあげていますぅ（笑）。すると、一人でも、あまり寂しくないのです。

このように「自分が自分のお守りをする」とお伝えすると必ず、「そんなの、ずっとボッチのままで、寂しくならないですか?!」と聞かれることがあります。しかし、ここが逆説なのです。じつは、一人でも愉しんでいると、周りから見ていても愉しそうな魅力があふれていて、かえって、人が寄ってきたくなるのです。

この方法で、それまでの交友関係が嘘のように、寂しさと無縁になった人もたくさんいます。

11 どうしようもなく自信がないとき

ステップ❶

まずは、「自信のない自分」を嫌わないでください。そして、その自分を認め、受け入れてみましょう。

それは、確かにあるものなので、無いものにしてもモヤモヤするだけ。そして、自信の無さをバネに、何かをがむしゃらに頑張ったり、自信がある自分になるために何かを身に付けようとしても、もっと自信のない自分が現れ、苦しくなるだけです。

そうではなく、ただ、「自信の無さがあるね、うんうん。あっていいよ。この状況なら、そう感じるのは当然だよね。他の誰がわかってくれなくても、わたしが、その辛さ、わかってあげるからね。それでいいよ。大丈夫だよ」と、その感情を認め、受け入れてみてください。

ステップ2

次に、「自信の有無を問題にするのは、無意味」と思い出しましょう。

二元思考での自信って、あっても無くても、あまり意味がありません。自信が無いことを言い訳にして、なかなか行動できない人がよく言う言葉です。「自信があったら一歩踏み出せるのに……」。これは、脳の現状維持機能が働いているともいえますが、「自信がついたら行動できる」なんて、じつは幻想なのです。「自信があったら何かができる」も幻想です（4章の4「本当の自信」も参考にしてください）。

ステップ3

そして、「自信の無さ」が生まれる根本原因を解消しましょう。

「こうなったら、こうなれば、自信が持てるのに」「○○をするには、このくらいになっておかねば」「それをするには、このくらいになっておくべき」……。そこに潜んでいる「たら、れば、ねば、べき」を見つけ出して、「果たして、それは本当？」と問いかけていくと、幻想を終わらせることができます（自信を持つのに必要な条件なんて、人それぞれに違いますし、条件は「達成されると、また次を突きつけてくる性質」がありますこれでは、いつまで経ってもイタチごっこ。何かの条件をクリアすることで自信が生まれるなんて幻想だったのです）。

もしこれでも、「自信の有無」が気になるときは、ひたすら、その現象の原因である内面情報の発見と解消（一つの現象に、いくつもの内面情報が紐づいている場合も多いです）をくり返したり、超越思考に切り替えたり……と、「逆説人生法則」をくり返し実践してみてください。わたしも、応援します！

ステップ4
「本当の自信」を知りましょう。


不良少年が社長になった、などという更生物語には、必ず「信じてくれたお母さんがいた」みたいな秘話があると先述しましたが、その「母の信じる」は、いつも無条件です。条件なしに、わが子がどんな状況であれ、信じてくれているのです。無償の愛って、人の心を打ち、人の体を動かし、それは現実として結晶化します。

それを自分が自分にやってあげるのです。すると、気づけば、「自信の有無」なんて無縁になり、「ただやりたいから、これをやっている！」という純粋な子どもの砂山エネルギーに勝手に切り替わっています。

かつて「自信があれば踏み出せるのに……」と思っていたその一歩は、この逆説人生法則を実践しているうちに、気づけば、「もうとうに踏み出せていた！」という自分になれていますよ。

12 ものすごく辛い出来事があったとき

ステップ1

まず、今、感じている「辛さ」を認め、受け入れましょう。

「その出来事を辛い」と思っている、その「辛さ」を、まずは嫌わず、それがあることを認め、受け入れます。それは、確かにあるのだから、無いものにしてもくすぶるだけ。なにか他のことで紛らわしても根本解決にはなりません。ただ純粋に、「辛いよね、うんうん。この状況なら、辛くて当然だよ。他の誰がわかってくれなくても、わたしが、この辛さ、わかってあげるからね。それでいいよ。それでも大丈夫だよ」と、その感情を認め、その感情があることを受け入れてみてください。

ステップ2

そして、そんなに「辛い」のは、なぜなのか？　知りましょう。

どうでもいい人のことは、そこまで辛いと思えないですよね。たとえば、あまり会ったこともない人に起こった不幸話は、そこまで辛く思えないですよね。割とライトに、「ふーん、そうなんだ」と、聞けたりします。でも、自分のことになると、かなり辛い。それは、なぜだと思いますか？

そう、それは、自分のことが大切で、愛しているからです。自分に、幸せになってほしいからです。だから、「その辛さ」と「自分をとても幸せにしたい想い」を、両方一緒に、思い切り抱きしめてみましょう。その出来事でこんなに辛くなるくらい、自分を幸せにしたいと思い、自分を愛していたという感動をヒタヒタと味わってみましょう。

すると勝手に、その辛さも愛おしくなり、苦しみから脱出していますよ！

13 きついクレームを受けたとき

ステップ1

「クレームは、悪いことではない」と思い出しましょう。

クレームは、「相手が本音をぶつけてきてくれている」ことでもあります。別の言い方をすると、じつは、クレームをつけてくる人は、あなたやあなたの会社と、今後も付き合っていきたいと思っているのです。だから、それだけの労力を使って言ってきているのです。

「いや、そうは見えない！　怒りに飲まれて、ただ文句を言いたいだけに見える！」という場合も、そこまで文句を言いたくなるくらい「こちらのことを信頼してくれていたり、こちらに期待していたりしたから、その失望が怒りになって燃えていた」というケースも、実際に多いと知りましょう。

ですから、クレームを受けたとしても（落ち込んでもいいですが、落ち込んだときは、「マイナス感情の本当の扱い方」も参考にしていただいて）、相手は自分と「これからも付き合っていきたい」と思ってくれていたり、とっても期待や信頼を寄せてくれていたのかもしれないと感じてみてください。

ステップ2

「どちらが正しい」とか「あぁ、イヤだなぁ」とかジャッジをせずに、ただ、相手の本音（＝心の叫び）を受け取りましょう。「あぁ、この人、そう思っていたんだな。これがイヤだったんだな」みたいに。

すると勝手に、相手から攻撃色が消え、消えるだけでもすごいことですが、さらに、これまでの労いの言葉をかけていただけるまでに、180度その場が変わってしまうこともあります。これは、多くの受講生が、実際に体験していることなので、安心してやってみてくださいね。

【補足】

もし、「いいや、そんな美しいものでなく、相手は理不尽に、ただ自分に斬りつけてくるんだ！」と感じる場合は、自分の内面情報を確認してみましょう。「どうせ世の中は、理不尽なことだらけだ」、「自分を正当に扱ってくれる人なんていない」みたいな思い込みや、「自分のこういうところがイヤだ、ここはダメだ」みたいにいつも自分が自分につけているクレームなどが投影されているかもしれませんよ。

もし、そんな内面情報があれば、職場を変えても、相手を変えても、いつも理不尽な目に遭ってしまうことになります。まず、「逆説人生法則」を実践して、内面情報の解消を行ってください。そして、どうしても自分の力だけでは難しいときは、わたしに会いにきてくださるのもオススメです。いつも応援しています！

監修者のことば

人生にはさまざまな荒波や浮き沈みがあり、人間関係の葛藤、健康問題や経済問題、愛情問題等々に遭遇するものである。そんなとき本書は、極めて役に立つ実用書と言える。

自らも「セミナージプシーだった」と自称をされている岩永先生は、国内外の多くの心理学や自己啓発セミナーに参加され独自の視点で本著に記されたメソッドを開発された。そして、いまでは、ご自身で主催されている講座やカウンセリングで、なんと一万人以上の受講生やクライアントに接し、感動的な巧みさで、それらの人々の苦悩を解決してきたという輝かしい実績の持ち主でもある。

本書は、安易な感情論や教説に流されることなく、あざやかで明瞭明確な論理を展開していて、ある種の清々しい感動をさえ覚える。

さて、本書の内容であるが、改めて述べるまでもなく、多くの新しい言葉や、驚くような斬新な「理論」に出会うことができる。曰く「二元思考」を超えた「超越思考」「逆説人生法則」「内面情報の投影と解消」「理想や思い込みを手放す」「ジャッジしない」等々。ワクワクするような、新しいアイデアや実例がふんだんに掲載されていて、単なる読み物としても読み応えがある上、いわゆる「人生の指南書」として「必携の書」であり、机傍に置き繰り返し読むべき確かな「実用書」でもあるのだ。

私のように職業柄「心を病める」人に多く接してきた者としては、さらに実用書を超えて「心や人生のメカニズムを知るテキスト」としても、その期待に応えうる書物と信じさせられる。

読者諸氏も本書を通じて、真の「人生のシクミ」を知り、正誤善悪を超えた著者の述べる「二元思考」に基づくさまざまな軋轢と葛藤を乗り越え、優れたサーファーのように人生の荒波を、ワクワクするほど愉しく愉快に「真の幸せ」を感じながら「波乗り」してほしいものだ。もちろん、その先の「真の成幸」も得てほしい。読み込むほどに、新しい発見があるはずである。全肯定・全信頼・ありのまま今ここを受け入れることの大切さ等々を、あらためて思い出させてくれる珠玉の1冊である。

濱田朋玖

おわりに

最後までお読みくださり、ありがとうございました。本書の内容を、なかなか受け入れられなかったり、読みながら抵抗感が湧いたりした方も、いらっしゃったのではないでしょうか。

わたしは、自身の生い立ちや、失敗だらけの（ように見える）人生から、

・人が、傷つけ合いをやめて、「お互いが、お互いを自分のことのように思い合える」本当の愛が循環する社会にするには、どうしたらいいのだろう？

・みんなが、条件に左右されない、「何があっても、無くても、しあわせ！」という「無条件のしあわせ」にあふれて毎日を過ごすにはどうしたらいいのだろう？

という問いを抱き、それを解決しようと、長い間、研究と実践をくり返してきました。

そして、自分に実際に効果があった方法を、さらに、わたしの元に集ってくださる方々に少しずつお伝えして、実践していただいたのです。気づけば、その輪が広がり、今

では人生を好転させた人たちが次々と現れ、そのなかから、「逆説人生法則」を習得して講師になる人たちも増えて、アカデミー運営ができるまでになりました。
これまでに関わらせてもらった方たちは、のべ一万人以上で、届けられた感謝のお便りは一万二千通以上になります。いくつか、ご紹介します。

❖「先生、わたし、悪くなかったんですね！　何を学んでも変われないのは、わたしが悪いからだと思っていました。でも、そうではなかった……。心からホッとしました。このメソッドを開発してくれて、本当にありがとうございます！」

❖「何気ない日常の景色に、感動する自分に驚いています。ただ、夕日を見ているだけで、『あぁ、何てキレイなんだろう！』と感動して涙が出るんです。道行く人を見ても、『あぁ、この人の幸せを祈りたいな』って、勝手に思っているんです。
今までは、自分をなんとかするのに必死で、そんな余裕ありませんでした。この自分の変化がとってもとっても嬉しくて、感動です。ありがとうございます！」

❖不登校の子どもに、「何を考えているのか教えてほしい。なにか話して――」とずっと心の中で叫び続けていたのですが、わたしが逆説人生法則を学び実践していただけで、「もうわかったから、少し黙って――」と思うくらい子どもがなんでも話してくれるように180度日常が変わりました。「なんですか？　これ？」。でも、子どものことがわかって、問題視もしなくなれて本当に楽になりました。これからも楽しみです。

こんな感動的なお便りを読むたびに、胸が熱くなって、「この命の使い方をしてきて（使命を全うしてきて）本当に良かったな」って思っています。もちろん、このお便りを下さった方たちが、日常のワンシーンに感動するだけでなく、家庭や仕事場など様々な場面で抱えていた問題を解消し、本当の愛が循環する無条件の幸せあふれる日常にシフトされたことは言うまでもありません。様々な人間関係が気づりば勝手に再構築され、本質的な心の結びつきを感じられる、そんな日々を送っておられるのです。

こんなふうに、たくさんの人が「日常の中で愛を感じ、お互いを思いあって生きられるようになったらいいなぁ」「モヤ・イラ人生を解消して、幸福感に包まれて毎日を暮らせるといいなぁ」などと思って、これまで活動してきました。なぜなら、人は、自分が幸せだったら、勝手に相手の幸せを願えるし、自分が自分に優しく愛で接することができていたら、勝手に相手にも優しく愛で接することができるからです。そんな人が増えていけば、この世は「お互いがお互いを思い合える、愛と調和の世界」に自然に移行していくにちがいありません。そして、今、この「おわりに」を書きながら、あらためて「その日が、もうそこまできている予感」がしてワクワクしています。

なぜならそれは、皆さんが、今、この本を読んで下さっているからです。

生きているかぎり、波はあります。でも、その波に翻弄されるのでなく、本書を活用しながら、意識的に波乗りを愉しんでいただく人が増えていくなら、こんなに嬉しいことはありません。

本書でお伝えした「逆説人生法則」を知り、人生のモヤ・イラを根本から終わらせ、皆さんが「真の幸せ」を手に入れていかれることを心から祈念しています。

あなたが幸せになることが、地球を豊かにすることです！　一点の曇りもなく、全員で幸せになっていきましょう！

最後に、この本の出版にあたり、監修してくださった精神科医・医療法人社団新晃

会理事長　濱田朋玖先生をはじめ、読者代表目線で様々に関わってくださったコスモ21の山崎優社長、出版コーディネーター・インプルーブの小山睦男様、日々実践してくださっている多くの受講生や弊社講師のみんなと、多忙の中わたしを支えてくれた家族や親友に心からの感謝を捧げます。

そして、今、この本を読んでくださっているあなたに、最大級の感謝を込めて……ありがとうございます！

地球が、そして、わたしたち一人ひとりの内面が、本来の輝きを取り戻しますように、最後に、この言葉を贈ります。

あなたは、いっぺんの曇りもなく、幸せになっていい。
あなたが幸せになることが、地球を豊かにすること！

岩永　留美

２０２５年２月

「イライラ」が愛に変わる！ 逆説人生法則

2025年3月3日　第1刷発行
2025年6月13日　第2刷発行

監　修――――濱田朋玖

著　者――――岩永留美

発行人――――山崎 優

発行所――――コスモ21
〒171-0021　東京都豊島区西池袋2-39-6-8F
☎03(3988)3911
FAX03(3988)7062
URL https://www.cos21.com/

印刷・製本――中央精版印刷株式会社

定価はカバーに表示してあります。

ISBN978-4-87795-438-3 C0030